労働時間を適正に削減し休日・休暇を正しく運用する法

労務リスクソリューションズ 著

新しいルールに即した働き方を実践して
〝残業ゼロ〟〝休日取得促進〟を
めざそう！

アニモ出版

はじめに

新型コロナウイルスのパンデミック（世界的流行）は、社会や経済に甚大な影響を与えており、未だに収束の見込みが立たない状況です。未知なるウイルスが現出し、世界規模で社会生活を変容させられる事態を誰が予想したことでしょう。

日本国内においては、労働環境が大きく変化し、すべての地域においてテレワークが進展し、電話会議やオンライン会議システムを活用した働き方にシフトしました。労働時間の削減、業務効率化のひとつの手段としてとらえられていたこれらのツールが、コロナ禍により人との接触を避けるという目的によって広く普及する結果となりました。

こうしたニューノーマルな働き方はＩＣＴ（情報通信技術）に依拠するところが大きく、ほんの数年前には想像することも難しいほど、現代社会はＩＣＴに支えられて社会経済が成り立っていることを改めて感じざるを得ません。

日本では２０１９年から「働き方改革」のもと、「時間外労働の上限規制」「年次有給休暇の５日取得義務化」「同一労働・同一賃金」等を柱とした、働く環境を変えていく法整備が行なわれており、企業規模を問わず現行の働き方を変えていかなければならない潮目の時期を迎えたといえるでしょう。

さらに、女性の活躍推進、就業しながら育児・介護のできる環境整備、兼業・副業を促進する法整備なども引き続き進められており、企業サイドとしては、多様な働き方を選択しながらワークライフバランス、健康経営などにも配慮した経営を行なっていかなければ、生き残りが難しくなる時代になっていく様相です。

「労務リスクソリューションズ」は、労務の専門家である社会保険労務士と、企業法務を主とする弁護士から構成されるスペシャリストチームであり、こうした変化の激しい労働環境に対応するべく本書を執筆しました。まずは法律上、司法上の必要な知識をわかりやすく解説し、さらにさまざまな選択肢から自社に最適な働き方の活用方法を提供しています。

この本が、多くの中小企業経営者にとって労働環境の改善のきっかけとなり、働きやすい職場の創造、労働者のモチベーション向上等が図られることにより、企業業績の向上に寄与することができれば幸いです。

2020年9月吉日

労務リスクソリューションズ一同

※本書の内容は、2020年9月20日現在の法令等にもとづいています。

労働時間を適正に削減し、休日・休暇を正しく運用する法◎もくじ

序章 残業代を払ってますか？ 休みをきちんととらせてますか？

1章 労働時間に関する労働基準法の基礎知識

2章 「労働時間」になるもの・ならないものを知っておこう

3章 休日・休暇に関する労働基準法の基礎知識と対処法

4章 法的に認められる労働時間制度の活用による残業削減法

5章 「長時間労働」対策のために社内制度設計の見直しを

6章 「定額残業代」の導入で〝残業ゼロ〟をめざそう

7章 働き方改革による多様な働き方と労働時間管理

8章 テレワークの導入のしかたと労働時間管理

カバーデザイン◎水野敬一
本文DTP＆図版＆イラスト◎伊藤加寿美（一企画）

序章

残業代を払ってますか？
休みをきちんととらせてますか？

この章のキーワード

【弁護士◎西田弥代】

序-1 気づかないうちに積み上がった残業代！

べらんめえ社長「大変だ、大変だ！」

ソリュー先生「社長、どうしたんです？」

社長「先月、うちの会社を辞めた社員から、『通知書』というのが届いたんだよ。2年分の残業代400万円を支払えって。400万円なんて、ありえん。けしからん！」

先生「それは大変。どれくらい残業している方だったのですか？」

社長「えっ？　それは……。まあ、遅いときは10時過ぎまで会社にいたかなあ。でも先生、彼はけっこう遅くまで働いてくれてたから、その点も踏まえて、他の社員より給料もボーナスも多くあげてたんだよ。本人も、残業代を含んで多くもらってるとわかってたはずだし。払いすぎなくらいだよ」

先生「それは困りましたね。多く払っていた分は、残業代として認められないかもしれません。もしかしたら、400万円というのは、それほどおかしな数字ではないかもしれませんよ」

社長  「えっ⁉　先生、そうなの？　どうしよう…」

べらんめえ社長（建設会社経営。工事部門20名、事務部門5名。人情家だが、そそっかしく、思い込みの激しい性格。）

ソリュー先生（労務リスクソリューションズのメンバー。労務問題のプロフェッショナル。）

残業代を完璧に払っている会社は少ない？

残業代を意識的に支払っていない会社だけではなく、大半の企業は、金額の多寡はあるものの、**未払いの残業代**があるのが現状です。後述するように、支払うべき残業代があるのに気づいていないことも多いのです。

残業代を含む**賃金の消滅時効**は、２０２０年4月1日より前に支払期日が到来するものにつ

◎あとから支払われた割増賃金はこんなにある！◎

- 是正企業数…1,768企業
- 支払われた割増賃金合計額…124億4,883万円
- 対象労働者数11万8,680人
- 支払われた割増賃金の平均額は１企業あたり704万円、労働者１人あたり10万円
- 割増賃金を1,000万円以上支払ったのは228企業で全体の12.8%

（厚生労働省ホームページより）

いては2年、２０２０年4月1日以降に支払期日が到来するものについては3年です（労働基準法115条、143条。なお、２０２０年4月1日に改正法が施行となり、2年から5年（当面の間は3年）に改正されたものです）。

１日あたりの未払い額が数千円でも、いつの間にか1人あたり１００万円以上の未払い残業代が積み上がっていることは珍しくありません。2年分の残業代を、数人から一気に請求されたら、その請求金額は、中小企業であっても数百万円、１千万円以上になることもあるのです。

ちなみに、平成30年度の労働基準監督署の是正指導により割増賃金が支払われた事案（支払額が1企業あたり合計１００万円以上のもの）は、上図のとおりです。以前には、１企業で14億１３２８万円の未払い賃金を支払った会社（電気機械器具製造業）もあるそう

◎未払い残業代はこうして発生する！◎

- 残業を黙認し、残業代を支払っていない。
- 給料の増額や手当により支払っていたつもりだったが、形式的な手続きの不備により残業代としてカウントされない。
- 労働時間の意味を正確に把握できておらず、実際の労働時間より少ない時間を基準に残業時間を算出していた。
- サービス残業等が蔓延し、労働時間を正確に把握できていない。タイムカードに正確な労働時間が反映されていない。
- 毎日の時間外労働時間のうち、30分以下の部分は切り捨てていた。
- 残業代の計算方法に誤りがある。

です。これらは、労働基準監督署の指導を受けた一部の企業にすぎません。

企業に未払いの残業代があることの主な理由は、上図のとおりです。

それぞれの防止方法や改善方法については後述しますが、他人事と思わず、実態に合った賃金制度を設計するなど、ぜひ本書からあなたの会社に役立つ情報をピックアップしてください。

残業代を払っていたつもりが、払ったことにならない?!

特に気をつけてほしいのは、べらんめえ社長のように、適正な手続きを経て残業代を支払っていなかったがために、**残業代を支払っているつもりが、支払っていなかったことになるケース**です。

残業を加味して高額な給料や手当を支給していたのに、「残業代」であることが明示されていなかったために、残業代としてはカウントされず、基本給等のベース部分としてカウントされてしまうのです。

次ページの図を見てください。このべらんめえ社長のケースだと、残業代を支払っていなかったことになるばかりか、実際に（残業を加味して）支払っていた給与額を基本として1時間あたりの単価を算出し、それをもとに残業代を支払うことになるので、残業代も通常より高額になります。

時効にかからない2年分にすると、100万円以上の高額請求になることも多く、好意により高額の給料を支払っていたはずが、それを逆手にとられてしまうのです。

適正な手続きを踏んでいれば、残業代を全額支払っていたはずが、適正な手続きを踏んでいなかったために、まったく支払っていないことになってしまう…。気前のいい社長さんには、ぜひ気をつけていただきたい例です。

◎べらんめえ社長の大いなる誤解◎

べらんめえ社長の意図

●会社の給料等級でいうと月額25万円相当のところ、残業代を加味して月額30万円を支払っている（**月額５万円の残業代を支払っているつもり**）

基本給部分 25万円	残業代部分 ５万円

●以上の意図によると、１時間あたりの給与単価は、
基本給25万円÷１か月あたり所定労働日数21日
÷１日あたり所定労働時間８時間＝1,488円

●ある月に25時間の残業をしていた場合は、
時間外労働時間25時間×時間単価1,488円×1.25
＝残業代46,500円＜５万円

●したがって、実際の残業代より多く支払っているから、それ以上に残業代を支払う必要はないと考えていた。

ところが！

社員から訴えられて争いになると…

●手続きの不備により、残業代を支払ったことにはならないため、残業代と考えていた５万円を含む**基本給30万円をベース**に残業代を計算することに。

基本給部分 30万円	労働時間に応じた残業代

●１時間あたりの給与単価は、
基本給30万円÷１か月あたり所定労働日数21日
÷１日あたり所定労働時間８時間＝1,786円

●ある月に25時間の残業をしていた場合は、
時間外労働時間25時間×時間単価1,786円×1.25
＝55,813円の未払い残業代が発生していることに！

※上記は一例なので、残業代の計算方法については１章を参照してください。

序-2

休みをとらせてください！

ソリュー先生「社長、先ほどどれくらい残業していたか聞きましたが、休みはしっかりとらせていましたか」

べらんめえ社長「うーん。毎週日曜は必ず休んでもらっていたよ。土曜は、本来休みなんだけど、隔週くらいで出てきてもらってたかな」

先生「ふむふむ。土日休みの週休2日制にしていて、土曜は隔週…と。この土曜についても、割増賃金は支払っていたんですかね」

社長「おう、1日分の給与を計算して支払ってたよ」

先生「ん、1日分？　基本月給を日割りして支払っていただけということですか？」

休日勤務の割増賃金に気づいてますか？

休日勤務の賃金は、日割りの賃金だけ支払って、1日の勤務時間が8時間を超えたら割増賃金を支払えばいい、と誤って理解している人も少なくありません。法定休日の勤務か法定外休日の勤務か（3章を参照）によって、割増賃金の計算方法は違いますが、休日勤務では割増賃金が発生する場合が多いといえます。

法定外休日勤務の場合、1週間あたり40時間（一部の企業は44時間）を超える勤務となる場合は、その超えた時間は時間外労働として、すべて2割5分の割増賃金が発生します。深夜勤務をすれば、さらに2割5分の割増賃金が加算され、当該深夜勤務部分は合計5割の割増賃金が発生するわけです。

法定休日勤務の場合は、勤務時間すべてに3割5分の割増賃金が発生し、深夜勤務までするとさらに2割5分の割増賃金が加算されます。したがって、当該深夜勤務部分は合計6割の割増賃金が発生することになります。

「休日出勤にもきちんと給料を支払っている」といえるのは、これらの割増賃金を含めて支払っているといえるときのみです。

月60時間以上の時間外労働にも要注意！

1か月の時間外労働時間が累計して60時間に達すると（法定休日労働はこの計算に含みませんが、法定外休日労働は含みます）、その時点より後に行なわれた時間外労働については、5割の割増賃金が発生します。この規定は、現在は中小企業には適用されていませんが（労働基準法37条・附則138条)、2023年4月からはすべての企業に適用されることになっているので、注意が必要です。

割増賃金の割増率については、例外や猶予規定などもあり、計算も複雑なので、不安に思われる人は、ぜひ社会保険労務士や弁護士などの専門家のチェックを受けてみてください。

序-3
残業代の未払いにはたくさんのペナルティがある

べらんめえ社長  「そうなんですか。でも、やっぱり残業代込みだとわかってあんなに高い給料を受け取っていた者に、何百万円もの残業代を支払うなんて許せない。先生、このまま無視するってのはいかがですか？」

ソリュー先生  「それは、いけません。放置したら、大変なペナルティを科せられる可能性がありますよ。刑事罰が科される可能性だってゼロではないのですから」

社長  「えっ、そうなの？」（がっくり）

残業代を支払わなかったことによる金銭的なペナルティ

賃金の未払いについては、その会社に大きなペナルティが科せられます。

まず、在職中の社員については、給料日の翌日から実際に支払うまで、**年6%の利息**がつきます（商法514条）。

◎金銭的ペナルティはこんなに高額！◎

- 給料日の翌日から退職まで年６％の利息
- 退職日の翌日から年14.6%の利息
- 未払い賃金と同額の付加金（裁判所の裁量による）

そして、退職後の社員については、退職日の翌日から、**年14・6％の遅延利息**がつくのです（賃金の支払の確保等に関する法律6条）。低金利の昨今において、年14・6％はかなりの高利です。

さらに、労働審判や裁判になると、裁判所は会社に対し、**未払い賃金と同額の付加金**を命じることができます（労働基準法114条）。実際には和解で解決することが多いため、付加金が命じられる事案というのは滅多にありませんが、前述のとおり、未払い残業代は、1人あたり数百万円になることも少なくはありません。たとえば、退職社員に対して300万円の未払い賃金があった場合、14・6％の遅延損害金に加えて300万円もの付加金が課せられたら、大変な損失です。

残業代を払わなかったら、刑事罰もありうる！

未払い賃金について放置した場合のさらなるリスクは、**刑事罰を科せられることです**。著しく悪質な態様で残業代を支払わなかった場合や、帳簿やデータの改ざんなどをした場合は、**6か月以下の懲役または30万円以下の罰金**が科せられる可能性があります（労働基準法119条、37条）。

代表取締役や総務担当取締役などの使用者だけでなく、法人そのものも罰せられる可能性もあります（両罰規定）。

このほかにも、労働基準法違反によって刑事罰が科せられる場合もありますので、賃金の支払いはもちろんのこと、労働時間に対する社内体制の構築においては、法律違反のないように十分気をつけてください。そして、もし違反に気づいた場合は、速やかに改善しましょう。

序-4

労働基準監督署の対応はどうなっている？

べらんめえ社長「先生、この通知書には、支払わないと労働基準監督署に行くって書いてあるけど、彼に労働基準監督署に行かれたら、どうなるの？」

ソリュー先生「それこそ大変です。今回の請求については迅速に対応して、早く社内の賃金体制を見直さないと、社員全員について、今回と同様の考え方により未払い賃金を算出して支払うことになるかもしれませんよ」

社長「うへぇー、そんなことになったら、うちの会社つぶれちゃうよ！」

労働基準監督署ってどんなところ？

労働基準監督署（略して「労基署」）は、労働基準法や労働安全衛生法などにもとづいて、労働者の賃金や労働時間などの労働条件の確保・改善の指導、安全衛生の指導、労災保険の給付などを行なっている国の機関です（全国に325か所あります）。

◎労働基準監督官の権限◎

①行政上の権限（労働基準法101条）

- 事業場、その他の附属建設物への臨検
- 帳簿および書類の提出要求
- 使用者もしくは社員に対する尋問

②特別司法警察職員としての権限

- 労働基準関係法令の違反に対して、強制捜査や被疑者からの事情聴取、逮捕・送検などを行なう

労基署の労働基準監督官には、上図のような大きく2つの権限があります。

上記のうち、「臨検」は、法令違反の有無を調査する目的で事業場等に立ち入ることをいい、「定期監督」「申告監督」「再監督」の3つの種類に区分され、その内容は次のとおりです。

●**定期監督**…各労基署が行政方針に従って、計画を策定し、それにもとづいて会社に監督を行なう

●**申告監督**…社員その他の者が、会社に法令違反があることを労基署に申告した際、その事実にもとづき会社に対して監督を行なう

●**再監督**……定期監督や申告監督が実施され、事業場から報告を受けた是正内容が実行されているか確認する監督（実際には再監督までされることは多くない）

これらの臨検においては、会社に対しタイムカードや賃金台帳などを用意させて監督を実施することが多

く行なわれています。

労基署により法令違反が見つかったら？

労基署による監督の結果、法令違反が見つかった場合、労基署は会社に対し**是正勧告**を行ないます。法令違反のおそれがあった場合は、**指導**を行ないます。

その際、次のような書面を交付することがあります。

- **是正勧告書**…労働基準法、労働安全衛生法などの関係法令に違反すると判断した場合
- **指導票**………法令に違反するとまではいえないが、改善する必要があると判断した場合

会社としては、是正勧告書が交付された場合は是正報告書を、指導票が交付された場合は改善報告書を、それぞれ指定された期日までに労基署に提出する必要があります。

是正勧告に従わなかったらどうなる？

「是正勧告」は行政指導なので、法的な拘束力はありません。もちろん、誤った是正勧告であれば、従う必要はありません。

しかし、たとえ事実誤認等があっても、是正報告書や改善報告書は、指定された期日までに提出するべきです。

労働基準監督官は、前述のように、特別司法警察職員としての権限を有しています。反論を

記載した報告書を提出しないと、実際も法令違反等をしている可能性が高いと判断されて、事業所の捜索や、賃金台帳やパソコン等の差し押さえをされてしまう場合もあります。検察庁に送検されて、起訴されてしまったら、刑事罰に処せられる可能性まであるのです。

もし、是正勧告や指導に事実誤認があったなら、その論拠となる証拠を付した報告書を提出すべきです。

是正勧告や指導の内容が事実であれば、速やかに改善し、是正報告書や改善報告書を労基署に提出する必要があります。

未払い残業代に関する是正勧告とは

仮に、残業代について、２割５分の割増賃金を支払っていないなど、未払い賃金があったとしたら、労基署はその点について会社に対し是正勧告を行ないます。

会社は、是正報告書を提出するために、法令違反状態を解消しなければなりません。法令違反状態を解消するとなると、いまだ時効がきていない3年分（２０２０年4月より前に支払期日がくるものについては2年分）の割増賃金を、全社員について支払うことになります。前述のとおり、平成30年度に労基署の監督・指導により未払い賃金が支払われた事例について、支払われた割増賃金の平均額が1企業あたり７０４万円とあるのは、このように全社員分の支払いをするからです。

このような事態にならないためにも、ムダな残業の発生を適正に抑えたり、労働時間に関する社内体制を見直したり、残業代を適正な手続きにより支払うなどして、未払い賃金の発生を防止することが重要です。

1章

労働時間に関する
労働基準法の基礎知識

この章のキーワード

【弁護士◎佐川明生】

1-1 労基法で「労働時間」「休憩時間」はどのように規定されているか

べらんめえ社長  「そもそも労働基準法では、労働時間や休憩時間についてどのように決まっているのか、あらためて知っておいたほうがいいだろうね」

ソリュー先生  「そうですね。まずは労働基準法で規定されていることを、しっかりと理解しておくことが必要ですね。そのうえで、労働時間を削減する方法を検討すればよいでしょう」

労働基準法とはどんな法律？

「残業」を含む長時間労働のリスクを生む根拠となる法律は、いうまでもなく「**労働基準法**」（**労基法**）です。

労基法は、労働者保護の思想のもと、労働時間について詳細な規律を設けています。簡単にいうと、労基法が定める規律に違反した場合に、「残業」となり、残業代の発生などのリスク

◎法定労働時間と所定労働時間は同じとは限らない◎

法定労働時間	1日8時間、1週40時間（特例措置対象事業場は44時間）
所定労働時間	会社が就業規則などで定めた労働時間

が発生することになります。

この章では、労基法が、労働時間についてどのような規律をしているのか（どのように規定しているか）、みていくこととします。

「法定労働時間」と「所定労働時間」

労基法は、「1週間」と「1日」について、それぞれ最長労働時間を規律しています。これが「**法定労働時間**」と呼ばれるものです。

労基法32条は、その第1項で「使用者は、労働者に、休憩時間を除き1週間について40時間を超えて、労働させてはならない」と規定し、**1週間の法定労働時間を40時間**としています（ただし、特例措置対象事業場は1週44時間）。続く第2項で「使用者は、1週間の各日については、労働者に、休憩時間を除き1日について8時間を超えて、労働させてはならない」と規定し、**1日の法定労働時間を8時間**としています。

ところで、会社など企業の労働時間については、それぞれの就業規則で、各労働日における所定の労働時間が、始業時刻から終業時刻までの時間と、この間の休憩時間を特定することによって定められます。始業時刻から終業時刻までの時間から「休憩」時間を除いた時間が、その企業の「**所定労働時間**」になります。

極端にいえば、「法定労働時間」は法律が定めるものなので、日本のどの企業でも等しいものですが、「所定労働時間」は各企業が定めるものであるため、たしかに一致している場合が多いですが、各企業によって異なりうるものです。

なお、「1週」とは、就業規則その他に別段の定めがない限り、**日曜日から土曜日までの暦週**をいいます。また、「1日」とは、**午前0時から午後12時までの暦日**をいいます。ただし、2暦日にわたって継続勤務が行なわれる場合には、それは1勤務として、勤務全体が始業時刻の属する日の労働と取り扱われます（昭和63年1月1日／基発1号）。

休憩時間の原則はどうなっている？

「休憩」について、労基法は、1日の労働時間が**6時間を超える場合には45分以上、8時間を超える場合は1時間**を、**労働時間の途中に一斉に**与えなければならないとしています（労基法34条1項・2項）。そして、休憩時間は、**労働者の自由に利用**させせなければならないとしています（同条3項）。

ところで、1日8時間労働制をとっているほとんどの企業は、休憩時間を1時間としていますが、労基法上は、8時間を「超える」場合に1時間の休憩ですから、ぴったり8時間の労働

◎付与する休憩時間の原則◎

1日の所定労働時間	休憩時間
6時間以内	与えなくてもよい
6時間超　8時間以内	少なくとも45分
8時間超	少なくとも1時間

時間の場合、45分の休憩だけでよいのです。

逆に、8時間を超える労働については、残業で10時間労働となっても、労基法上は1時間の休憩を与えておけば、違法にはなりません。

もっとも、8時間労働を「残業」によって延長する場合には、その延長前に1時間の休憩を与えない限り、「1時間の休憩」という労基法上の義務を果たすことにはならないため、不足分の15分は残業終了前に与えなければなりません。

ある意味、ほとんどの企業が、8時間労働で1時間休憩制を採用しているのは、残業が生じた場合に、残業中に15分の休憩を与えることに対する非効率性と管理の煩雑さを避けるためであるということができます。

1-2 労基法が規定する「時間外労働」の取扱い

べらんめえ社長「残業、つまり時間外労働についても労働基準法で決まっていることがあるんだよね」

ソリュー先生「実は、労基法上は時間外労働に当たらないのに、誤解されているケースがありますね。また、時間外労働の上限時間が法定されましたから、その取扱いと、いわゆる三六（サブロク）協定についても、きちんと理解しておく必要がありますよ」

法定労働時間を超える労働が「時間外労働」

「**時間外労働**」とは、1日または1週の**法定**労働時間を超える労働をいいます。

所定労働時間を超える〝残業〟であっても、法定労働時間の範囲内の労働の場合には、これにあたりません。いわゆる「クジ・ゴジ」と呼ばれる就業時間（9時～5時（17時））は、仮に休憩が1時間とすると、所定労働時間は7時間にとどまります。そのため、17時30分まで〝残業〟したとしても、それは、所定労働時間は超えるものの、**法定労働時間である8時間の範囲内**のため、ここでいう「時間外労働」にはあたりません。

また、1週の労働時間が40時間を超えた場合にも「時間外労働」となります。仮に1日の労働時間が7時間で8時間を超えないとしても、これを週6日行なうと、1週の労働時間は42時間となり、2時間の「時間外労働」が生じたことになります。逆に、1日8時間労働を採用する多くの企業では、1週の労働時間が40時間を超えないために、週休2日制（週5日労働制）を採用しているということがいえるのです。

なお、「休日」に関しては3章で解説しますが、週休制の法定基準による休日（法定休日）における労働のことを「**休日労働**」といいます。また、午後10時から翌午前5時までの時間帯に労働することを「**深夜労働**」といいます。

時間外労働の上限規制と三六協定による時間外労働

使用者は、事業場ごとに労使協定を締結し、それを管轄の労働基準監督署に届け出た場合には、その協定の定めるところにより、労働時間を延長し、または休日に労働させることができます。この労基法36条が規定する「労使協定」が、その条文番号をとって、いわゆる「**三六協定**」と呼ばれているものです。

三六協定で定めるべき事項については、以前は労基法施行規則に規定されていましたが、2018年（平成30年）の労基法改正によって、労基法36条2項にて法定されるに至っています。

そのなかでも重要なのは、時間外労働の**「限度時間」**です。「限度時間」については、**1か月45時間、1年360時間**で、これも以前は通達により定めれられた「基準」に過ぎませんでしたが、2018年の労基法改正によって、法律上の義務に昇格しています（労基法36条4項）。

そのため、以前は、たとえば限度時間を「1か月60時間」と規定しても、労基署から指導を受けることはあっても、労基法違反になることはありませんでした。しかし、2018年の労基法改正後は、これは明確な労基法違反となります。

1-3 三六協定の特別条項と効力をしっかり理解しておこう

べらんめえ社長「三六協定については、もちろんうちの会社でも労働者の代表と結んでいるけど、その内容を十分に理解しているかと聞かれると、正直、自信はないね…」

ソリュー先生「特に、三六協定の特別条項に関することと、三六協定の効力については、しっかりと理解しておいたほうがいいですね」

三六協定の「特別条項」とは

繁忙期などの理由で「限度時間」を超える労働が必要となる場合に備えて、あらかじめ三六協定に「**特別条項**」を規定していれば、「限度時間」を超えた時間外労働も許容されます。この「特別条項」が付けられた三六協定を「**特別条項付き三六協定**」と呼んでいます。

ところで、従前、この「特別条項」で定める延長時間については上限・限度はなく、1か月あたり150時間でも200時間でも違法ではありませんでした。この制度が残業の〝青天井〟

の温床になっているとの批判があり、２０１８年の労基法改正によって、三六協定で規定できる特別条項の延長時間に、次のような上限が設けられるに至りました（労基法36条5項）。

まず、特別条項で定めることができる1か月あたりの時間外労働（法定休日労働を含む）は、**限度時間を含めて１００時間未満**でなければなりません（同条5項）。

次に、特別条項で定めることができる1年あたりの時間外労働（こちらは法定休日労働を除く）は、**限度時間を含めて７２０時間以内**とされています（同条5項）。

これらの上限を超える時間を特別条項で定めることは違法であり、三六協定自体が無効となります。

なお、特別条項があり、年間上限の範囲内であっても、月45時間を超えた時間外労働が許されるのは年間で6か月（6回）までになるので注意が必要です。

以上は、事業場ごとに定める三六協定の内容に関する規制です。これに加え、労基法は、**労働者個人の実労働時間も規制**しています（労基法36条6項）。

まず、仮に労働者が転勤などで事業場が変わり、適用される三六協定が変わったとしても、その労働者個人に許容される1か月あたりの時間外労働（法定休日労働を含む）は、１００時間未満でなければなりません（労基法36条6項2号）。

この1か月あたりの上限（１００時間未満）に加え、労働者個人の時間外労働（法定休日労働を含む）については、2か月間、3か月間、4か月間、5か月間および6か月間のいずれの期間においても、**1か月あたりの平均が80時間以内**でなければなりません（同条6項3号）。

これらの規制に違反した場合には、特に刑罰（6か月以下の懲役または30万円以下の罰金）が設けられているので注意が必要です（労基法119条1項）。

三六協定の対象期間と有効期間

三六協定には、その**対象期間**を定めなければなりません（労基法36条2項2号）。

「対象期間」とは、三六協定で労働時間を延長することができる期間、言い換えれば、起算日から終了日までの間に限度時間を超えていないかを判断する期間で、その性質上、**1年間**に法定されています。

これに対し、三六協定の**有効期間**については、労使間の合意である〝協定〟の効力が有する期間で、これは法律上の制限はありません。

もっとも、対象期間が1年間に限られることから、有効期間は最短で1年間となりますが、これを超える有効期間を定めることも違法ではありません。しかし、三六協定について定期的に見直しを行なう必要があると考えられることから、有効期間は1年間とすることが望ましいといえます。

三六協定にはどのような効力があるのか

三六協定を締結し、労基署に届け出た場合には、使用者は、その有効期間中、協定の定めるところに従い、1日8時間・1週40時間・週休制の規制（労基法32条・35条）を超える労働をさせても、それら労基法上の規制に違反したことにはなりません。逆に、三六協定なしに、または三六協定で定めた上限時間を超えた時間の労働をさせることは、違法となってしまいます。

その意味で三六協定の締結・届出は、労基法32条・35条違反の刑事責任を免責する効果（**免罰的効果**）をもち、また適法に時間外・休日労働を行なうことができる時間数（日数）の枠を設定するという効果があります。

このように、三六協定の締結・届出は、使用者を労基法上の規制から免責する効力がありますが、個々の労働者に対して、三六協定で定められた時間外・休日労働を義務づけるまでの効力はありません。

個々の労働者に三六協定で定められた時間外・休日労働の義務を生じさせるには、**就業規則やその他労働契約上の根拠**が必要になります。

労基署へ届け出るのは協定書でよいか

三六協定は、ご承知のとおり、労働基準監督署（長）への届出を要しますが、届け出る必要があるのは、協定書そのものではなく、**様式第9号**です（労基法施行規則16条）。三六協定それ自体は、保存しておけばよいのです。

ただし、様式第9号に必要な事項を記載し、これに労働者代表者が押印すれば、その「様式第9号」自体が三六協定になるとされています（昭和53年11月20日／基発642号）。実務としては、わざわざ労働者代表者と協定書を取り交わして、さらに様式第9号を作成するのではなく、この方法によっている会社がほとんどです。

なお、様式第9号および様式第9号の2（特別条項付き三六協定）は厚生労働省や各地方労働局のサイトからダウンロードすることができます。

1-4 時間外労働・休日労働・深夜労働の割増賃金の求め方

べらんめえ社長「残業させたり、休日や深夜にも労働させたりしたときは、当然、割増賃金を払わなくちゃならないけど、割増率なんかは、わたしの知っている範囲で間違いないかな？」

ソリュー先生「念のために確認しておきましょう」

時間外労働等の割増率は労基法で決まっている

使用者が法定労働時間を延長し、休日に労働させ、午後10時から午前5時までの間の深夜に労働させた場合においては、その「時間外労働」「休日労働」「深夜労働」について、通常の賃金に一定の割合を乗じた割増賃金を支払わなければなりません。

その割増率は、次ページ図のとおりです。なお、労基法上は「○%以上」とされていますが、ほとんどの会社がその就業規則で、労基法上の下限で割増率を規定しています。

◎時間外労働等に対する割増賃金の割増率◎

①1か月の合計が60時間までの時間外労働および深夜労働
…**25**%以上

②1か月の合計が60時間を超えた時間外労働
…（60時間を超える部分）**50**%以上

③休日労働
…**35**%以上

なお、②の1か月60時間を超える時間外労働についての「50%以上」は、平成20年（2008年）の労基法改正で設けられたもので、平成22年4月1日から施行されていますが、「中小企業」については、令和5年（2023年）3月まで猶予措置が設けられていて、60時間を超える部分についても、従来どおりの「25%以上」でよいとされています。

ちなみに、「中小企業」とは、資本金額が3億円（小売またはサービス業を主たる事業とする場合は5000万円、卸売業は1億円）以下、または労働者の数が300人（小売を主たる事業とする場合は50人、卸売業またはサービス業は100人）以下の企業をいいます。

この割増賃金の額を算定する際に基礎となる「賃金」には、「家族手当、通勤手当、別居手当、子女教育手当、住宅手当」、そして「臨時に支払われる賃金」と「1か月を超える期間ごとに支払われる賃金」は除外されることになっています。

逆にいえば、これら除外事由に該当しない、たとえば**役職手当や営業手当などについては、基本給とともに、割増賃金の算定基礎に含まれる**ことになるので、「残業」代を抑えたい経営者にとっては、要注意です。

労働時間・休憩・休日の原則の適用除外

このように労基法は、労働時間、休憩、休日および深夜の割増賃金に関する規律を設け、特に時間外労働については、より厳しい方向での法改正が行なわれています。

しかし他方で、これらの原則の例外として、従前からある制度に加え、これを改正あるいは制度を新たに創設するという形で、昨今の「働き方改革」の実現をめざそうとしています。

その結果として、労基法が規律する労働時間に関する規定の例外をなすものが、「変形労働時間制」「フレックスタイム制」「事業場外労働のみなし労働時間制」「裁量労働制」「管理監督者」、そして「高度プロフェッショナル制度」があります。

1-5

「変形労働時間制」などを活用すれば法定労働時間を弾力運用できる

べらんめえ社長 
「労働時間制度には、変形のものもあるらしいんだけど、よく知らないので教えてもらえませんかねぇ」

ソリュー先生 
「残業を抑制するために有効な労働時間制度がいくつかありますが、制度の内容について誤解されているケースもあるようです。導入を検討する場合は、しっかり理解したうえで行ないましょう」

「変形労働時間制」にはどんなものがあるか

「変形労働時間制」とは、単位となる期間内において、所定労働時間を平均して週法定労働時間（40時間）を超えなければ、期間内の一部の日または週において、所定労働時間が1日または1週の法定労働時間を超えても、所定労働時間の限度で、法定労働時間を超えたとの取扱いをしない、という制度です。

変形労働時間制には、「**1か月単位の変形労働時間制**」(労基法32条の2)、「**1年単位の変形労働時間制**」(同32条の4および32条の4の2)、「**1週間単位の非定型的変形労働時間制**」(同32条の5)の3種類があります。

変形労働時間制のもとでは、単位期間内の労働時間が平均して週40時間を超えなければ、1日8時間や1週40時間を超える労働も時間外労働とはなりません。その意味で、変形労働時間制は、企業が週休日設定の工夫などによって年間労働時間の短縮(休日日数の増加)を実現する手段となりうるものです。

なお、変形労働時間制においても、深夜業に対する割増賃金の支払いは必要ですし、休憩・休日に関する規定も適用されます。

「フレックスタイム制」とは

「フレックスタイム制」とは、労働者が、1か月などの単位期間のなかで一定時間数(契約時間)労働することを条件として、1日の労働時間を自己の選択するときに開始し、かつ終了できる制度です。

多くの企業では、全員が必ず勤務しなければならない時間帯(**コアタイム**)を定めたうえで、労働者が自由に選択できる出退勤の時間帯(**フレキシブルタイム**)が定められています。

フレックスタイム制は、その名のとおり、労働者が業務と私生活、さらには育児や介護などとの調整を図るために利用価値の高いものです。1日や1週の労働時間に変更を加えるものではないため、導入も比較的容易です。

導入に必要なのは**「就業規則」でフレックスタイム制を採用する旨の定めと、「労使協定」**です（労基法32条の3第1項）。

労使協定では、①フレックスタイム制をとる労働者の範囲、②清算期間、および③清算期間における総労働時間に加え（労基法32条の3第1項1号ないし3号）、④標準となる1日の労働時間、⑤労働者が労働しなければならない時間帯を定める場合には、その時間帯の開始および終了の時刻、⑥労働者がその選択により労働することができる時間帯に制限を設ける場合には、その時間帯の開始および終了の時刻を定める必要があります（労基法施行規則12条の3）。

ところで、2018年の労基法改正により、清算期間が従来の1か月から3か月に延長され、3か月の範囲で労働時間をより長い期間で調整できるようになっています。なお、1か月を超える清算期間を定めた場合には、労使協定の届出が必要になっています（同32条の3第4項）。

使用者は、フレックスタイム制をとる労働者について、清算期間を平均し、週法定労働時間（原則40時間）を超えない範囲において、1週または1日の法定労働時間を超えて「労働させる」、つまり、労働者本人が自らの選択で労働するのを放置することができます。言い換えれば、フレックスタイム制をとる場合には、1週および1日については法定労働時間を超えても時間外労働とはならないのです。

そのため、フレックスタイム制において、「残業」が発生するのは、労働者が自ら選択した労働時間を按配した結果、その清算期間における労働時間の合計が単位期間における法定労働時間の枠を超えた場合になります。超えた時間については、三六協定の締結・届出と割増賃金（労基法37条）の支払いが必要になります。

もっとも、フレックスタイム制を採用した場合には、採用していない場合と比べて時間外労働のカウント方法が異なります。特に、清算期間が1か月を超える場合には、1か月ごとに、週平均50時間を超えた労働時間が時間外労働とカウントされる扱いになっています（同32条の3第2項）。

なお、当たり前ですが、フレックスタイム制を採用した場合には、使用者は、労働者に対し、コアタイムではない、フレキシブルタイムの時間帯での出勤や居残りを命じることはできません。

「事業場外労働のみなし労働時間制」とは

この制度は、取材記者、外勤営業など事業場の外での労働など労働時間の算定が困難な事業場外労働について、**所定労働時間を労働したものとみなす**制度です。

この制度の適用があると、仮に実際は10時間労働していたとしても、所定労働時間（多くの会社では8時間）しか労働していないものとみなされるため、残業代の支払いは必要なくなります。

しかし、この制度についても、会社の外で仕事をしていれば、当然にこの制度が適用され残業代の支払いは必要なくなると誤解している会社が多いのですが、裁判では、ほとんどといっていいほど認められていないのが現実です。

たとえば、会社の外で仕事をする典型例である旅行添乗員の業務について、最高裁は、平成26年1月24日、「事業場外労働のみなし労働時間制」の適用を否定した判決を出しており、業界に大きな衝撃が走りました。

同判決は、労基法38条の2の「労働時間を算定しがたい場合」について、募集型の企画旅行における添乗員の業務については、①当該業務は、旅行日程がその日時や目的地等を明らかにして定められることによって、その内容があらかじめ具体的に確定されており、添乗員が自ら決定できる事項の範囲およびその決定に係る選択の幅は限られている。②当該業務について、上記企画旅行を主催する旅行業者は、添乗員との間で、あらかじめ定められた旅行日程に沿った旅程の管理等の業務を行なうべきことを具体的に指示したうえで、予定された旅行日程の途中で相応の変更を要する事態が生じた場合には、その時点で個別の指示をするものとされ、旅行日程の終了後は、内容の正確性を確認し得る添乗日報によって業務の遂行の状況等につき詳細な報告を受けるものとされている等の事情のもとでは、労基法38条の2第1項にいう「労働時間を算定し難いとき」に当たるとはいえない、としています。

この判例の背景には、添乗員については、モバイル端末などの発展・普及により、会社が、携帯電話での連絡や添乗報告書・日報、携帯電話により労働時間の把握は可能であることが背景にあります。

また、東京地裁の平成9年8月1日判決では、展覧会での展示販売業務に従事していた労働者について、①業務に従事する場所および時間が限定されていること、②労働時間の管理が可能な支店長も業務場所にいること等を理由に、「事業場外労働のみなし労働時間制」の適用を否定しています。

さらに、大阪地裁の平成14年7月19日判決では、「本件においては、被告会社では、原告らについては勤務時間を定めており、基本的に営業労働者は朝、被告会社に出社して毎朝実施されている朝礼に出席し、その後、外勤勤務に出、基本的に午後6時までに帰社して事務所内の掃除をして終業となるが、営業労働者は、その内容はメモ書き程度の簡単なものとはいえ、その日の行動内容を記載した予定表を被告会社に提出し、外勤中に行動を報告したときには、被告会社においてその予定表の該当欄に線を引くなどしてこれを抹消しており、さらに、被告会社は営業労働者全員に被告会社の所有の携帯電話を持たせていたのであるから、被告会社が原告ら営業労働者の労働時間を算定することが困難であるということはできず、原告らの労働が労働基準法38条の2第1項の事業場外みなし労働時間制の適用を受けないことは明らかである」として、やはり「事業場外労働のみなし労働時間制」の適用を否定しています。

「事業場外労働のみなし労働時間制」の適否については、実際に、労働時間を管理し、算定していたかではなく、**労働時間の管理等が可能な状態にあったか**がポイントになっています。

もっとも、現在では外回りの労働者については多くの会社で携帯電話を持たせていて、会社としてはそれを使って労働時間の管理が可能と言い得る以上、「事業場外労働のみなし労働時間制」の適用が認められる業務は、ごく限られたものになると思われます。

「裁量労働制」とは

「裁量労働制」は、法律が認める一定の業務について、労使協定でみなし労働時間数を定めた場合には、当該業務を遂行する労働者については、実際の労働時間数に関係なく協定で定める時間数労働したものと「みなす」という制度です。

みなし労働時間を8時間とした場合には、適用される労働者が、仮に10時間労働したとしても、8時間だけ労働したものとみなされます。逆に、実際は6時間しか労働していなくとも、8時間の労働をしたものとみなされます。

裁量労働制には、**「専門業務型」**と**「企画業務型」**の2種類があります。

このうち「専門業務型」(労基法38条の3)は、その業務の専門性から、業務の遂行の方法(つまり時間の配分など)を大幅に労働者自身の裁量に委ねる必要がある業務についてのみ認められ、それは労基法と同法施行規則に限定的に列挙されている、次ページ図の業務です。

◎「専門業務型」裁量労働制が適用できる業務◎

①新商品または新技術の研究開発等の業務、人文・自然科学の業務
②情報処理システムの分析または設計の業務
③新聞・出版の記事の取材・編集、放送番組制作のための取材・編集の業務
④衣服、室内装飾、工業製品、広告等の新たなデザイン考察の業務
⑤放送番組、映画等の制作のプロデューサー・ディレクターの業務
⑥コピーライターの業務
⑦システムコンサルタント
⑧インテリアコーディネーター
⑨ゲーム用ソフトウェアの開発
⑩証券アナリスト
⑪金融工学等を用いて行なう金融商品開発
⑫大学における教授研究
⑬公認会計士、弁護士、建築士、不動産鑑定士、弁理士、税理士、中小企業診断士

一言でいうと、「専門業務型」裁量労働制が適用されうる労働者の業務は、一般的に考えられているより、かなり限定的です（労基法施行規則24条の2の2第2項）。これ以外の業務では、たとえば、事務職や営業職などでは、決して認められることはありません。一般的な会社では、適用される可能性が低いことに気づくと思います。

たとえば、「専門業務型」裁量労働制の対象業務に「情報処理システムの分析または設計の業務」があります。システムエンジニアはこれに該当しますが、プログラマーはこれに該当しません。仮に、会社からSEの肩書きをもらっていても、単にプログラムの製造を行なうだけの場合には、実質的にはプログラマーであり、裁量労働制は認められず、実際の労働時間に応じた残業代を支払う必要があります。

一方、「企画業務型」裁量労働制（労基法38条の4）は、企業の中枢部門で企画立案などの業務を自律的に行なっているホワイトカラー労働者について、**みなし制による労働時間の計算**を認めるものです。このような労働者も、専門業務型裁量労働制の対象者と同様に、仕事の質や成果により処遇することが妥当な場合があることを根拠としたものですが、濫用のおそれもあるため、労使委員会における5分の4以上の多数決による決議を要するなど、専門業務型に比べて要件は厳格になっているだけでなく、かなり大規模な会社を前提にしていますので、中小企業などではほとんど利用が進んでいません。

裁量労働制は、労働時間のみなし制であって、適用除外ではありません。決して、残業代（割増賃金）の支払いを免れる特効薬ではありません。

したがって、みなし労働時間が法定労働時間（8時間）を超える場合には、超過分の時間外割増賃金を支払わなければなりません。たとえば、みなし労働時間を10時間とした場合には、実際の労働時間が仮に8時間だったとしても、2時間分の割増賃金を支払わなければならなくなります。

また、裁量労働制は、あくまでも「労働時間」に関する例外を認めるものに過ぎないので、休日や深夜（午後10時から午前5時）に労働が行なわれた場合には、割増賃金の支払いが必要になります。そのために、たとえ裁量労働制を採用したとしても、労働時間の管理は必須になります。

1-6 労基法で定める「管理監督者」の取扱いと高度プロフェッショナル制度

べらんめえ社長「労基法で規定している労働時間や休憩・休日の原則っていうのは、一般社員を対象にしたものだよね。いわゆる管理職には、適用されないんでしょ?」

ソリュー先生「そうですね。管理監督者の場合には、原則の規定からの適用除外になっています」

「管理監督者」とは

労基法41条2号は、「監督もしくは管理の地位にある者」(**管理監督者**)について、「労働時間、休憩および休日」に関する規定の適用を除外しています。そのため、「労働時間」に関する規定の一つである「時間外割増賃金の支払い」を義務づける労基法37条1項の適用が除外され、「管理監督者」については、1日8時間の法定労働時間を超える労働をしたとしても、「残業」とはならず、割増賃金を支払う必要がないのです。

ところで、「**名ばかり管理職**」というフレーズを耳にしたことがあるかと思います。これが一般に浸透したのは、平成20年（2008年）1月28日に、マクドナルドの店長について、労基法の「管理監督者」には該当せず、未払い残業代の請求を認めた判決が東京地裁で言い渡されたことが、「名ばかり管理職」との表題で、各種メディアで大きく報道されてからです。

そして、労基法が定める「管理監督者」に該当しないにも関わらず、会社組織上の「管理職」を「管理監督者」とみなして、残業代の支払いを免れている会社があり、これが「名ばかり管理職」の問題となったわけです。

会社が人件費削減の目的で、ほとんど経験がない者を「管理職」に就けて長時間労働させたうえに、残業代を支払わないという不当なケースもありますが、会社としては、何ら不当な目的はなく、それなりに「管理職」として遇してきたにも関わらず、「管理職」から訴えられて、裁判で「管理監督者ではない」と判断され、過去3年分の残業代を支払わされることになることがあります。

このようなことが起こる最大の原因は、会社組織上の「管理職」と、労基法上の「管理監督者」はイコールではなく、**「管理職」であっても、当然には「管理監督者」には該当しない**ためであり、しかも、一般に思われている以上に、「管理監督者」に該当するための要件は厳しく、裁判では、容易には認められないためです。

また、「管理監督者」に該当するか否か、事前に認定する機関・手続きがなく、後日、裁判で争われたときに、裁判所によって初めて判断されることになるため、判決が出るまで、本当に「管理監督者」として残業代を支払わなくてよいのか、誰も判断できないことも、原因の一つと考えられます。

どうすれば「管理監督者」と認められるのか

「管理監督者」の意義については、確立した行政解釈があり、「（労働基準）法41条第2号に定める『監督もしくは管理の地位にある者』とは、一般的には、部長、工場長等労働条件の決定その他労務管理について経営者と一体的な立場にある者の意であり、名称にとらわれず、実態に即して判断すべき」としています（昭和22年9月13日／発基第17号、昭和63年3月14日／発基第150号）。この行政解釈については、判例でも学説でもまったく異論がありません。

まず重要なのが、管理監督者については、その「**名称にとらわれず、実態に即して判断すべき**」としている点です。

「賃金の支払い」という観点からメリットが多い「管理監督者」ですが、会社が「管理職」として扱えば、誰でも「管理監督者」と認められ、このメリットを享受できるものではありません。会社組織上の「管理職」と、労働基準法の「管理監督者」は、明確に違います。

また、就業規則で、店長、所長、部長および課長などを管理監督者とし、残業代は支払わない旨を規定している会社もありますが、その規定は、裁判では効力が認められず、役職などの名称や就業規則の規定とは関係なく、**勤務の実態から「管理監督者」に該当するか否かが判断されることになります。**

管理監督者に該当するか否かは、業種、業態によってさまざまであり、会社の規模や各従業員の職務内容もさまざまなので、一律に論じることは困難ですが、裁判などで審理の対象になり、肯否のポイントとなっているのは、次の3つの要素です。

> **①職務内容・権限・責任等**
> ⇩ 労働条件の決定その他労務管理について経営者と一体的な立場にあるか。
> **②勤務態様・労働時間管理の状況**
> ⇩ 出退勤に厳格な規制を受けず、自己の勤務時間について自由裁量を有しているか。
> **③待　遇**
> ⇩ 地位、権限にふさわしい待遇を受けているか。

管理監督者にも割増賃金が必要になることがある！

ところで、忘れてはいけないのは、「管理監督者でも深夜割増賃金は支払う必要がある」ということです。

労基法は、1日8時間（週40時間）を超える労働、休日の労働および深夜（午後10時～午前5時）の労働を禁止する建て前を取り、例外的にこれらを行なわせる場合には「労使協定」を必要とし、さらに、それぞれ時間外割増賃金、休日割増賃金および深夜割増賃金の支払いを義務づけています。

管理監督者に該当した場合に適用が除外されるのは、「労働時間、休憩および休日」に関する規定なので、時間外割増賃金および休日割増賃金の支払いは免除されます。しかし、管理監督者に該当して、時間外および休日の割増賃金が必要ないとしても、午後10時から午前5時までの間に労働したことにより生じる深夜割増賃金については支払う必要があります。

この取扱いについては、行政解釈が確立していましたが、平成21年12月18日に初めての最高裁判決が出て、司法上も確認されています。

その理由としては、この最高裁判例では、「労働時間」に関する規定は、その長さ（8時間など）に関するものであるのに対し、深夜については、「労働が1日のうちのどのような『時間帯』に行なわれるか」に着目している点で、労働時間に関する労基法中の他の規定とはその趣旨・目的を異にすると判示し、「労働時間、休憩および休日に関する規定」には、深夜業の規制に関する規定は含まれず、管理監督者に該当する労働者は、労基法37条3項にもとづく深夜割増賃金を請求することができると結論しています。

管理監督者は、自己の出退勤の時間について裁量が認められることが前提です。つまり、何時に出社することも、何時に退社することも、自分の判断で行なうことができます。そうなると、たとえば、毎日、昼過ぎに出勤して、午前0時の終電近くまで仕事をしているような「管理監督者」については、時間外手当を支払う必要はありませんが、午後10時以降に勤務した時間に関しては、深夜割増賃金を支払う必要が生じてしまいます。

そのため、労働者が「管理監督者」に該当するとしても、会社としては、**管理監督者の労働時間を管理し、深夜の労働を把握**しておく必要があります。

なお、上記最高裁判例は、「管理監督者に該当する労働者の所定賃金が労働協約、就業規則その他によって一定額の深夜割増賃金を含める趣旨で定められていることが明らかな場合には、その額の限度では当該労働者が深夜割増賃金の支払いを受けることを認める必要はない」と判示しており、管理監督者の深夜割増賃金の発生を避けるためには、**就業規則などで、賃金が深夜割増賃金を含んでいることを明確にする**ことが重要です。

高度プロフェッショナル制度とは

「高度プロフェッショナル制度」とは、一定の年収要件（1075万円）を満たし、高度の専門知識等を有する労働者を対象に、労基法上の労働時間、休憩、休日および割増賃金に関する規定の適用を除外し、賃金額を労働時間ではなく、「成果」で評価し、決めようという制度です（労基法41条の2）。一時、マスコミなどで「ホワイトカラーエグゼンプション」と話題になったもので、2018年の労基法改正により新たに創設された制度です。

高度プロフェッショナル制度は、高度な専門的知識等を有する労働者で、従事した時間と従事して得た成果との間に関連性が低い業務が対象となります。

具体的には、次のようなものが対象業務となります。

●金融工学等の知識を用いて行なう金融商品の開発の業務（金融商品の開発業務）
●資産運用の業務または有価証券の売買その他の取引の業務（ファンドマネージャー、トレーダー、ディーラー）
●有価証券市場における相場等の動向や価値分析、投資に関する助言の業務（アナリスト業務）
●顧客の事業の運営に関する重要な事項についての調査、分析、助言の業務（コンサルタント業務）
●新たな技術、商品または役務の研究開発の業務（メーカーや製薬の研究開発職）

なお、高度プロフェッショナル制度の導入にあたっては、対象労働者の年収が1075万円以上であるなどの要件の厳格さに加え、労使委員会を設置し、導入に関する規定を決議し、これを労基署に届け出るだけでなく、該当の労働者に説明のうえ、その署名を得る必要があるなど、厳格な手続きが法定されています。

似た制度に「裁量労働制」がありますが、裁量労働制は「労働時間」をみなす制度に過ぎず、休日や深夜に労働が行なわれた場合には、割増賃金の支払いが必要になり、そもそも、裁量労働制により〝みなされる〟労働時間が法定労働時間を超える場合にも、割増賃金を支払わなければなりません。

いわゆる管理監督者も、深夜割増賃金については適用除外されていません。

これに対し、高度プロフェッショナル制度は、労基法上の労働時間、休憩、休日および割増賃金に関する規定のすべてを適用外とするもので、どうしても長時間労働につながる危険性が高いため、より厳格な要件と手続きが法定されているわけです。

2章

「労働時間」になるもの・ならないものを知っておこう

この章のキーワード

- 労働時間の把握義務 ⇒ 67ページ
- 労働時間の定義 ⇒ 71ページ
- 実労働時間 ⇒ 73ページ
- 手待ち時間 ⇒ 74ページ
- 労働時間に該当しない場合 ⇒ 77ページ

【弁護士◎西田弥代】

2-1 使用者は労働時間を把握しなければいけない！

べらんめえ社長「残業代を請求してきた元社員は、いつの間にか自分のタイムカードを手に入れて、タイムカードの時間どおりに請求してきてるんだよ。仕事もせずに他の社員とだらだら残っていたこともあったのに、けしからん！」

ソリュー先生「社長の会社では、タイムカードの時間は労働時間とイコールではないのですね。実際の労働時間は、記録していないのですか？」

社長「う、うーむ。労働時間って、たしか机に向かっている時間だけじゃないんでしょ？　前に新聞で見たことがあるけど、よくわからないから、うちではタイムカードで出欠確認だけしていて、残業が多そうなやつは給料を上げるということにしてきたからなぁ」

先生「それは大変。労働時間の把握が面倒だからと目をつぶると、タイムカードの時間で労働時間を計算することになってしまうかもしれませんよ」

使用者には労働時間の把握義務がある

残業時間を計算するには、前提として、当該労働者の正確な労働時間を把握しなければなりません（残業時間の詳しい計算方法については1章参照）。

法律上も、使用者には、労働時間を把握し、賃金を支払う義務が定められています（労働基準法108条、労働基準法施行規則54条1項5号）。

使用者による労働時間の理解が誤っていたことから、思いもよらない残業が発生していたことになり、残業代を請求されることが多くあります。1日あたり数十分の残業でも、3年分（賃金の消滅時効については15ページを参照）となるとかなりの残業代となってしまいます。誤った理解により、法律違反を指摘されてしまう事態は避けましょう。

労働基準法には、労働時間の具体的な把握方法等について定められていませんが、厚生労働省が、次ページにあげたような通達（指針）によって、労働時間の把握方法の基準を示しています。

この指針にあるように、使用者は次のことが義務づけられています。

- 労働者の労働日ごとの始業時刻および終業時刻を確認しなければならず、
- その方法は、原則として使用者自身が現認して記録するか、タイムカードやＩＣカード等の記録を確認し、記録しなければなりません。

◎労働時間の適正な把握のために使用者が講ずべき措置（抜粋）◎

①始業・終業時刻の確認および記録

使用者は、労働時間を適正に管理するため、労働者の労働日ごとの始業・終業時刻を確認し、これを記録すること。

②始業・終業時刻の確認および記録の原則的な方法

使用者が始業・終業時刻を確認し、記録する方法としては、原則として次のいずれかの方法によること。

㋐使用者が、自ら現認することにより確認し、記録すること。

㋑タイムカード、ＩＣカード等の客観的な記録を基礎として確認し、記録すること。

③自己申告制により始業・終業時刻の確認および記録を行なう場合の措置

上記②の方法によることなく、自己申告制によりこれを行なわざるを得ない場合、使用者は、次の措置を講ずること。

㋐自己申告制を導入する前に、その対象となる労働者に対して、労働時間の実態を正しく記録し、適正に自己申告を行なうことなどについて十分な説明を行なうこと。

㋑自己申告により把握した労働時間が実際の労働時間と合致しているか否かについて、必要に応じて実態調査を実施すること。

㋒労働者の労働時間の適正な申告を阻害する目的で時間外労働時間数の上限を設定するなどの措置を講じないこと。また、時間外労働時間の削減のための社内通達や時間外労働手当の定額払い等労働時間に係る事業場の措置が、労働者の労働時間の適正な申告を阻害する要因となっていないかについて確認するとともに、当該要因となっている場合においては、改善のための措置を講ずること。

④労働時間の記録に関する書類の保存

労働時間の記録に関する書類について、労働基準法第109条にもとづき、３年間保存すること。

（以下略）

指針は法律ではありませんが、このような確認・記録を怠ると、争いになった場合には、使用者側に不利に扱われることもあるので、注意してください。

裁判例には、タイムカードが時間管理のためではなく、単に出退勤管理のために設置されていたとして、タイムカードによる実労働時間を認定しない例もありますが（北陽電機事件／大阪地裁／平成元年4月20日判決、三好屋商店事件／東京地裁／昭和63年5月2日判決）、必ずしもこのように判断されるとは限りません。

なお、未払い賃金請求の労働審判や裁判において、タイムカードやICカード等の記録がない場合は、日報、メモ（手帳等）、パソコンのログデータ等で労働時間が認定されることもあります。

労働時間の切り捨てに注意しよう！

労働時間については、各日ごとに1分単位で計算することが必要です。

例外として、**1か月単位で、合計時間数の30分未満を切り捨て、30分以上を切り上げることは認められています。**

これは、あくまでも1か月単位の端数処理ですから、1日単位で行なわないように、気をつけてください。1日単位で30分未満を切り捨てており、後からその分の賃金を請求される事例は、多く見受けられます。

◎労働時間の計算方法（端数処理のしかた）◎

誤った例

- 1日の合計時間のうち、30分未満を切り捨てる
（たとえば、ある日の合計労働時間が8時間15分の場合、8時間として計算）
- 毎日の朝礼時間（労働時間）は、始業時刻の15分前開催だが、30分未満であるとして切り捨てる

など

↑

賃金全額支払いの原則
（労働基準法24条１項本文）

違反！

ただし

許容される範囲

1か月における時間外労働等の時間数の合計に１時間未満の端数がある場合に、**30分未満の端数を切り捨て、それ以上を１時間に切り上げる**方法については、労働基準法違反としては取り扱われない（昭和63年３月14日／基発第150号）

2-2 そもそも「労働時間」とは何か？

べらんめえ社長「わかった、わかったよ。これからは、しっかり労働時間を記録させるよ。ただ、記録するにしても、そもそも労働時間はどの部分を指すのかがよくわからないんだ。教えてくれるかい？」

ソリュー先生「もちろんです」

労働時間に関する定義は？

「労働時間」については、労働基準法等の法律には、定義規定がありません。判例で、「**労働者が使用者の指揮命令下に置かれている時間**」と定義づけられ（三菱重工業長崎造船所事件／最高裁／平成12年3月9日判決）、実務もこれに即して動いています。

この労働時間に該当するか否かは、同じ判例において、「労働者の行為が使用者の指揮命令下に置かれたものと評価することができるか否かにより客観的に定まるものであって、労働契

◎「労働時間」とは◎

労働時間 ＝ 労働者が使用者の指揮命令下に置かれている時間

↓

労働義務から完全に解放されているか否か、
実労働時間を客観的に判断する！

実労働時間主義

約、就業規則、労働協約等の定めのいかんにより決定されるべきものではない」とされています。

当事者の約束いかんによって労働時間にあたるかどうかを判断されるのではなく、あくまでも客観的に判断されるのです（**実労働時間主義**）。

具体的にどのような時間が客観的に労働時間にあたるかについては、後述しますが、ざっくりいえば、労働義務から完全に解放されていない限り、労働時間にあたると考えられています。

◎「実労働時間」とは◎

実労働時間 ＝ 実際に作業している時間

＋ 手待ち時間

＋ 本来の職務を行なっている時間ではないが、労働義務から完全に解放されていないその他の時間

労働時間とは、どこまでを指すの？

「実労働時間」というと、実際に労働した時間、たとえば現場で作業した時間のみを指すように考えがちです。もちろん、実際に直接作業している時間は、労働時間に該当します。もっとも、他にもいわゆる「**手待ち時間**」など、「労働義務から完全に解放されている」とまで言い切れずに、労働時間に該当する場合は多々あります。

そこで、どのような時間が労働時間に該当し、どのような時間が労働時間に該当しないのか、以下で事例をあげていきますので、「労働時間とは何か」という感覚をつかんでいきましょう。

◎不活動時間の取扱い◎

- 不活動時間
  - 手待ち時間（労働時間に該当）
  - 労働時間に該当しない時間

「手待ち時間」に該当する場合

「手待ち時間」とは、不活動時間ではあるものの、使用者の指揮命令下に置かれ、就労のために待機している時間のことをいいます。前述のように、手待ち時間は、労働時間に該当することになります。

①来客当番・電話当番

たとえば、名目は昼休みであっても、来客・電話等の対応のために居残る場合、労働者はその時間を自由に利用することができないため、その時間は労働時間とされています。

②仮眠時間

労働からの完全な解放が保障されていない場合は、労働時間にあたるとされています（大星ビル事件／最高裁／平成14年2月28日判決など）。

たとえば、仮眠中でも電話や警報が鳴ったら、ただちに所定の作業を行なわなければならないなどの事情がある場合は、労働時間に該当するといえるでしょう。また、トラックに同乗した交代運転手が休憩、仮眠をとっている時間も、労働時間に該当するとされています。

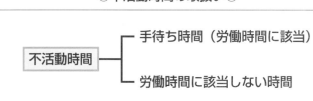

③住み込み業務

場合によりますが、夫婦住み込みのマンション管理員業務について、居室における不活動時間も含めて労働時間に当たるとした裁判例があります。

この事例においては、平日の所定労働時間外の業務従事時間帯については、管理員が住民等の要望に随時対応できるよう、事実上、待機せざるを得ない状態に置かれており、定期的な業務報告により使用者がその事実を認識していたことから、使用者から管理員のこのような対応についての黙示の指示があったとして、労働時間に該当するとしました。

また、日曜・祝日については、管理人室の照明の点灯・消灯、ごみ置き場の扉開閉について指示されていたことから、この業務を行なっている時間についても労働時間に該当するとされました（大林ファシリティーズ（オークビルサービス）事件／東京高裁／平成20年9月9日判決）。

そのほか、労働時間に該当するとされた場合

以下にあげるものについても、裁判例等で労働時間と考えられています。

①作業前の作業服への着替え時間

作業にあたって作業服や制服の着用が義務づけられている場合には、その着用のために要する時間は、実労働時間にあたるとされています（三菱重工長崎造船所事件／最高裁／平成12年

3月9日判決を参照)。

②その他の準備行為

「**交代引継ぎ**」「**機械の点検**」「**整理整頓**」に要する時間については、通常の業務上必要な行為といえるので、労働時間に該当すると考えられています。

そのほかにも、「**始業時前に行なう点呼**」(東急電鉄事件/東京地裁/平成14年2月28日判決)や、「**銀行の始業前に行なわれる準備作業**」(京都銀行事件/大阪高裁/平成13年6月28日判決)も労働時間に該当すると判断されています。

「**朝礼**」や「**ラジオ体操**」等についても、事実上強制されている場合は、労働時間に該当するといえるでしょう(ビル代行(宿直勤務)事件/東京高裁/平成17年7月20日判決)。

③現場までの移動時間

通勤距離を著しく超えた場所に移動する場合は、通勤時間を差し引いた残りの時間を労働時間として取り扱うことがままあるようです。また、労働時間の途中にある移動時間は労働時間として取り扱われています。

④作業終了後の行為

実作業が終了した後の機械・工具の点検・掃除、整理整頓作業については、②の準備行為と同様に考えられています。また、作業着の脱衣については、①の着替え時間と同様に考えられています。

⑤自宅持ち帰り残業

上司の命令による場合はもちろんですが、上司の命令によらない場合であっても、翌日までに仕事を完成させなければならず、物理的に事務所において作業できない等の事情があれば、黙示の命令によるものとして、労働時間に該当するといえるでしょう。

労働時間に該当しない場合とは?

一方、労働時間に該当しないとされた事例についてもみていきましょう。

①通勤時間

通勤時間は、使用者の支配管理下には置かれていないことから、労働時間には該当しないものとされています。会社の寮から各工事現場までの往復時間は、通勤時間の延長ないし拘束時間中の自由時間というべきもので、原則として労働時間には該当しないとした判例もあります(高栄建設事件/東京地裁/平成10年11月16日判決)。

②休憩時間

休憩時間は、労働者が自由に利用できる時間であるため、労働時間には該当しません(労働基準法34条3項)。もっとも、名目は休憩時間であっても、手待ち時間にあたる場合は、労働時間となります。

なお、昼休みについて、外出制限されているが事業所内で自由に休息できる場合は、労務を遂行すべき義務を課したとまではいえない、として労働時間に該当しないとした裁判例があります（京都銀行事件／大阪高裁／平成13年6月28日判決）。

③自由参加の研修

自由参加で、参加しない者に不利益な取扱いをしない研修における参加者の従事した時間は、労働時間には該当しません（平成11年3月31日／基発168号）。

ただし、人事考課上、不参加者に対しマイナス査定する場合等については、不利益な取扱いをするものとして労働時間に該当することになります。

また、後日レポートの提出も課されるなど、実質的な業務指示で参加する研修、実際の業務に就くために事前に受けることが必須の研修や見学も、労働時間に該当します。

④出張の際の移動時間

出張の際の就業場所への移動時間も、①の通勤時間と同様に考えられています。

なお、国内出張の場合に、休日を移動日としても、休日労働させたことにはなりません（東亜産業事件／東京地裁／平成元年11月20日判決）。

もっとも、休日に移動せざるを得ない出張を特に命じられた場合（修学旅行の同行）に、当該職務に当然付随する職務として休日労働になるとした裁判例もあります（島根県教組事件／松江地裁／昭和46年4月10日判決）。

⑤健康診断

一般的な健康の確保を図ることを目的とした健康診断に要する時間は、原則として労働時間には該当しません。

ただし、特定の有害な業務に従事する労働者について行なわれる健康診断については、通達により実労働時間であるとされています（特殊健康診断。昭和47年9月18日／基発602号）。

⑥事業所の施設に入ったときから労働に入るまでの時間、または労働終了後施設を出るまでの時間

事業場に到着して入門したときから、作業服等の着用のために更衣室まで移動する時間は、実労働時間にあたらないとされています（三菱重工長崎造船所事件／最高裁／平成12年3月9日判決）。

⑦シャワー、入浴時間

作業後のシャワーや入浴については、原則として労働時間に該当しないものとされています。社会通念上、洗身・入浴しなければ通勤が著しく困難といえる場合のみ、労働時間に該当するとした裁判例があります（前述の三菱重工長崎造船所事件）。

⑧住み込み業務

管理人室での待機時間について、自由な利用が許された時間であるとして、労働時間性が否定された裁判例があります（互光建物管理事件／大阪地裁／平成17年3月11日判決、新日本管

財事件／東京地裁／平成18年2月3日判決）。

もっとも、前述のように、場合によっては労働時間とされることもあるので、居室待機時間にも労働を義務づけているような事情があるかどうかには注意してください。

3章

休日・休暇に関する労働基準法の基礎知識と対処法

この章のキーワード

【特定社会保険労務士◎土屋信彦】

3-1

労働基準法で定める休日とは？

べらんめえ社長　「休日ってのはカレンダーが赤い日のことだから、日曜日や祝日は仕事を休まなきゃいけないってことなんだよなぁ…」

ソリュー先生　「社長！　一般的なカレンダーにある休日と、労働基準法で定めている休日とは、ちょっと意味合いが異なるんですよ！」

社長　「えっ、なんとそうなの⁉」

付与する休日は法律で決まっている

「休日」とは、日曜日や祝祭日のことを指し、学校の授業や官公庁が休みとなる日をいうことが一般的です。ところが労働基準法35条では、休日について、「使用者は、労働者に対して、**毎週少なくとも1回の休日**を与えなければならない」と定めており、同条2項では、「前項の規定は、**4週間を通じ4日以上の休日**を与える使用者については適用しない」とも規定しています。

つまり、労基法上の休日では一切、日曜日や祝祭日とは規定しておらず、曜日に関係なく少なくとも週に1回、もしくは4週4日の休日を与えるよう義務づけています。しかし、一般の会社の多くは「週休2日制」をとっており、高度経済成長期にあったような週1回だけの休みという会社は、いまやほとんど見ることがなくなりました。

これは、原則として1日8時間、週40時間以内という「労働時間」のしばりがあることに関係しています。労基法上の原則である週1回の「休日」を遵守したとしても、1週40時間以内という労働時間のルールを守るためには、現実的に週1回の休日だけで週40時間以内の労働時間にすることは難しいという理由からです。

こうしたことから、1日7時間や8時間労働である会社では、労基法35条に定める週1回の「**法定休日**」と、週内にもう1日の「**法定外休日**」を設けて、週40時間以内というルールに適合させているわけです。

法律の趣旨からすると、法定休日は日曜日である必要はなく、また他の曜日が休日となっていれば、土曜日、日曜日や祝祭日を会社の休日とする必要はないということです。

土曜日や日曜日が忙しくなる接客業や観光業などは、平日を休日にしたり、休みなく毎日営業している業種であれば、勤務シフト表を作成して月ごとにシフトを決めて、各従業員の休日を設定する例もあります。

◎休日出勤における割増賃金◎

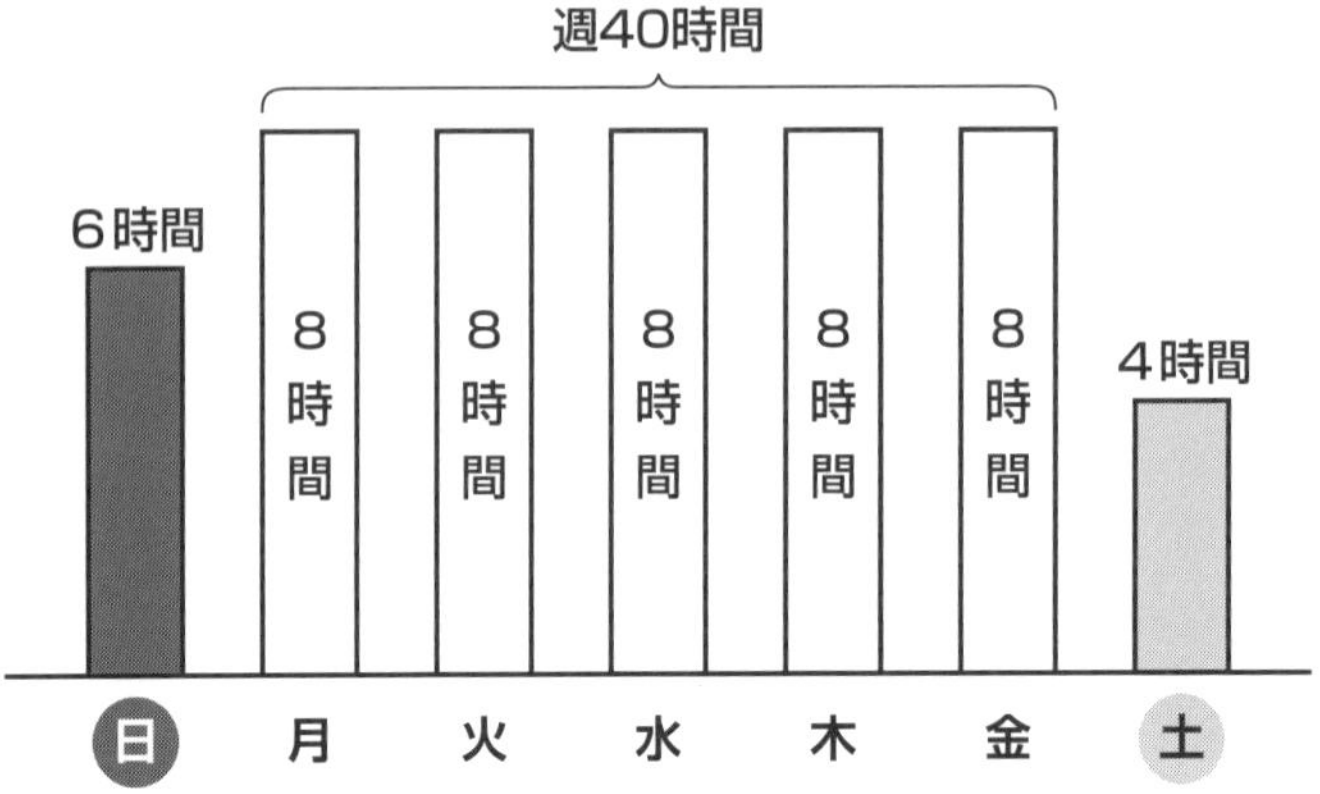

★日曜が法定休日の場合（土曜は法定外休日）

- 日曜の6時間勤務 ⇒ 3割5分増し以上
- 土曜の4時間勤務 ⇒ 2割5分増し以上（週40時間超）

休日は、24時間業務に就くことを免除される日になるので、ホテル業や警備業等のいわゆる「夜勤明け」は、0時を超えて朝まで就労することになるので休日にはなりません。つまり、原則として0時から24時までの24時間、労働の義務が免除される日が休日となります。

また、どの日（曜日）が法定休日であるかわかるように特定することは義務づけられていないものの、就業規則等でなるべく特定するよう指導されています（昭和63年3月14日／基発150号）。

賃金の面では、法定休日に出勤した場合、3割5分以上の割増賃金を支払う義務があります。これに対して、法定休日ではない休日（いわゆる法定外休日）の出勤については、3割5分以上の休日割増をする必要はありません。

ただし、労働時間をカウントした際に週40時間を超えた場合、3割5分以上の割増である必要はないものの、週40時間を超えた部分の時間について2割5分増し以上の割増賃金の支払いが必要となることに注意しましょう。

会社の就業規則の定め方によっては、法定外休日についても割増率を3割5分以上で設定していることもあるので、その場合は就業規則の定めるとおりとなります。また、前述の「4週4日の休日」の場合、どこの日を起算として4週とするかについて、特定しなければなりません。

3-2 振替休日と代休を混同しているケースが多い!?

べらんめえ社長「納期に間に合わなくて休日に出勤してもらうことも多いんだけど、休める日がなかなか取れなくて、振替休日がたまっちゃって困るんだよ」

ソリュー先生「社長、振替休日がたまっていうことはありえないんですよ！　言葉の意味をちゃんと理解してくださいね」

社長「はい？　何かおかしなこと言ったかな…」

振替休日と代休は同じではない

「振替休日」とは、休日と定められていた日と元々の勤務日とされていた労働日を**あらかじめ**入れ替えることをいいます。これにより元の休日は労働日となり、元の労働日が休日となります。

したがって、元の休日に出勤したとしても「休日出勤」として扱う必要はなく、休日出勤に

◎同一週と他の週に振替を行なう場合の違い◎

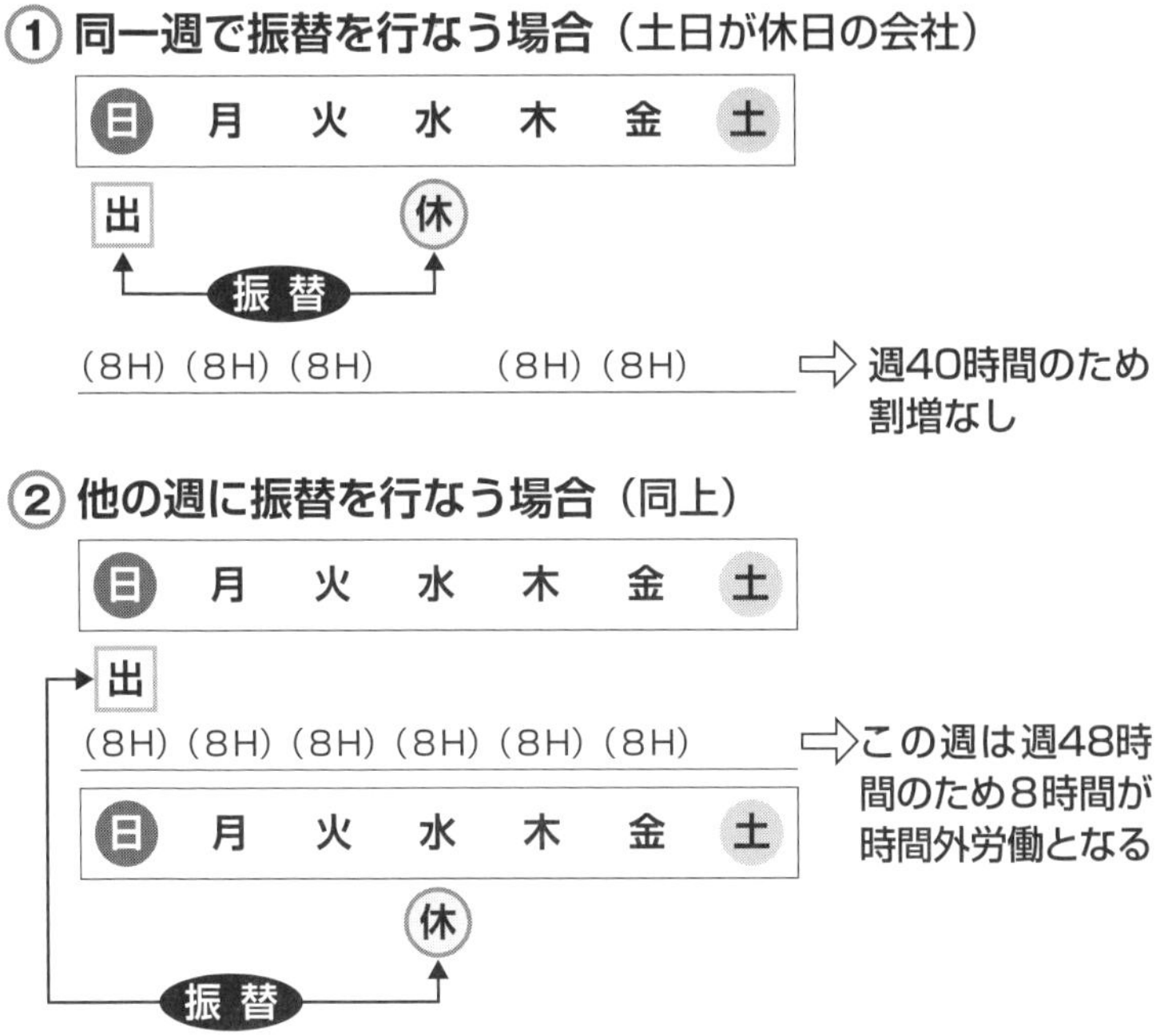

対する割増賃金の支払い義務はなくなります。あらかじめ労働日と休日を入れ替えたうえで休日が特定されるため、「振替休日がたまる」ということは起き得ないわけです。

それに対して「**代休**」は、休日出勤をしたことで、代わりに労働日のいずれかの日について労働を免除する制度です。法律上、代休を取得させる義務はないため、代休を与えないからといって罰則の適用を受けることはありません。

ただし代休の場合は、休日出勤に対する割増賃金の支払い義務は消えることはありません。

この割増賃金については、法定休日であれば3割5分増し以上、法定外休日であれば週40時間を超える時間に対する2割5分増し以上の時間外割増賃金の支払い義務があることを意味しています。

会社のコストとして考えれば、「あらかじめ」休日出勤をする必要があることがわかっていれば、**事前に**振替休日を有効活用することで、人件費を削減することにもつながるわけです。

振替の場合、単に労働日と休日を入れ替えることになるため、休日出勤に対する割増賃金の支払い義務が免除されるといいましたが、振替を行なったことで振替出勤する日のある週について週40時間を超えてしまう場合には、週40時間を超える時間については、時間外労働に対する割増賃金の支払い義務があることに注意してください（前ページ図を参照）。

同一週に振替を行なえば、週40時間超による時間外労働の割増賃金の支払い義務もなくなるので、できる限り同一週で振替を行なうことが経営コスト削減のコツといえるでしょう。

なお、振替を行なう場合は、①事後に振替休日を取得させる、②先に振替休日を取得させる、のいずれの方法でもかまいません。

3-3 年次有給休暇の正しい知識をもとう

べらんめえ社長「うちのパートさんが有給休暇を取りたいっていってきたんだけど、パートにはそんなものないよっていったら、変な顔してましたね」

ソリュー先生「おやおや。パートさんにも出勤日数に応じて年次有給休暇を取得する権利があります。すぐに訂正しておいたほうがいいですね」

社長「え〜〜、そんなの聞いたことないけど…」

パート、アルバイトにも年次有給休暇の付与は必要

「**年次有給休暇**」（年休）については、労働基準法39条1項に「使用者はその雇入れの日から起算して6か月間、継続勤務し、全労働日の8割以上出勤した労働者に対して、継続し、または分割した10労働日の年次有給休暇を与えなければならない」と規定されています。

その後、入社日から6か月を経過した日を起算日として1年ごとに、次ページ上表のとおり

◎年次有給休暇の法定付与日数◎

●**一般の労働者**（週の所定労働日数が5日以上または週の所定労働時間が30時間以上の労働者）

継続勤務年数	6か月	1年6か月	2年6か月	3年6か月	4年6か月	5年6か月	6年6か月以上
付与日数	10日	11日	12日	14日	16日	18日	20日

●**パートタイム労働者**（週所定労働時間が30時間未満の労働者）

週所定労働日数	年間所定労働日数	継続勤務年数						
		6か月	1年6か月	2年6か月	3年6か月	4年6か月	5年6か月	6年6か月以上
4日	169～216日	7日	8日	9日	10日	12日	13日	15日
3日	121～168日	5日	6日	6日	8日	9日	10日	11日
2日	73～120日	3日	4日	4日	5日	6日	6日	7日
1日	48～ 72日	1日	2日	2日	2日	3日	3日	3日

年休を付与しなければなりません。

また、この付与日数は正社員のようにフルタイムで出勤する労働者にあてはまるものですが、正確には週所定労働日数が5日以上または週所定労働時間が30時間以上の労働者に適用されます。

この上表の基準以下で働くパートタイマーにも、下表のような年休付与の決まりがあるので、あわせて確認しておきましょう。

年休を付与する方法にはいろいろある

労基法で定める年休の日数は最低限の日数なので、これを上回る日数を付与することや、付与する時期を法定より早めることはかまわないことになります。

最初の年休付与のタイミングが、入社後6か月でその後は1年おきのスパンとなることや、中小企業は大企業と異なり入社のタイミングが一律ではないこと等を考慮して、付与時期のタイミングを一律にそろえることが、多くの会社で行なわれています。

いわゆる「**前倒し付与**」によって基準日を設定することになりますが、管理の煩雑さの回避を優先するか、法定どおり最低限の日数付与で会社コストの負担軽減を優先するか、付与日数の公平性を重要視するか、などの判断基準を踏まえたうえで、会社が決定することになります。

年休の前倒し付与については、さまざまな方法が考えられますが、わかりやすいようにいくつかの事例について図を使って解説しましょう。

次ページ図の【例1】では、3月に入社したBさんは、4月にすぐに年休が付与されるのに対し、10月に入社したAさんは、初めての年休が付与されるまでに6か月の勤務期間が必要となり、不公平感が残ります。この不公平を少しでもやわらげるために、入社月を区分して按分した日数を入社日に与える方法もあります。

たとえば【例2】のように、10～11月入社者に3日、12～1月入社者に2日、2～3月入社

◎年次有給休暇の付与のしかた◎

【例1】4月1日を付与基準日とする方法

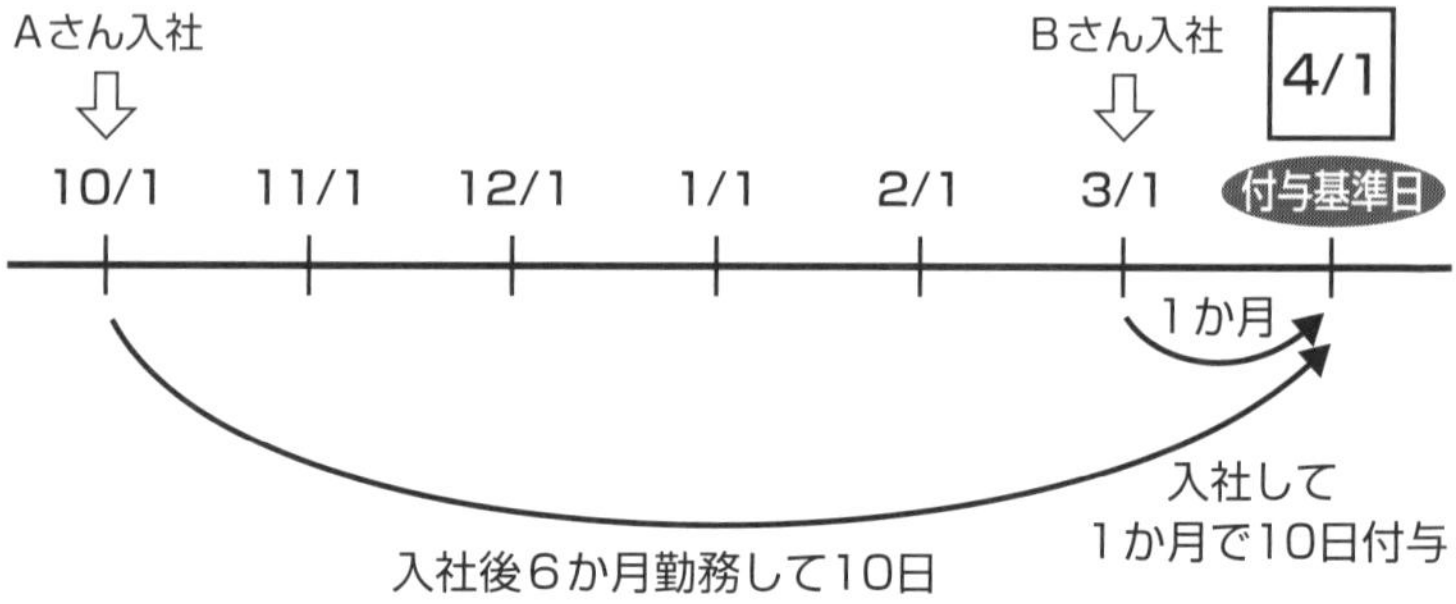

- 10/1入社のAさん…6か月勤務後、初めての年休10日
- 3/1入社のBさん　…1か月勤務後、すぐに年休10日

【例2】入社月により按分して付与する方法

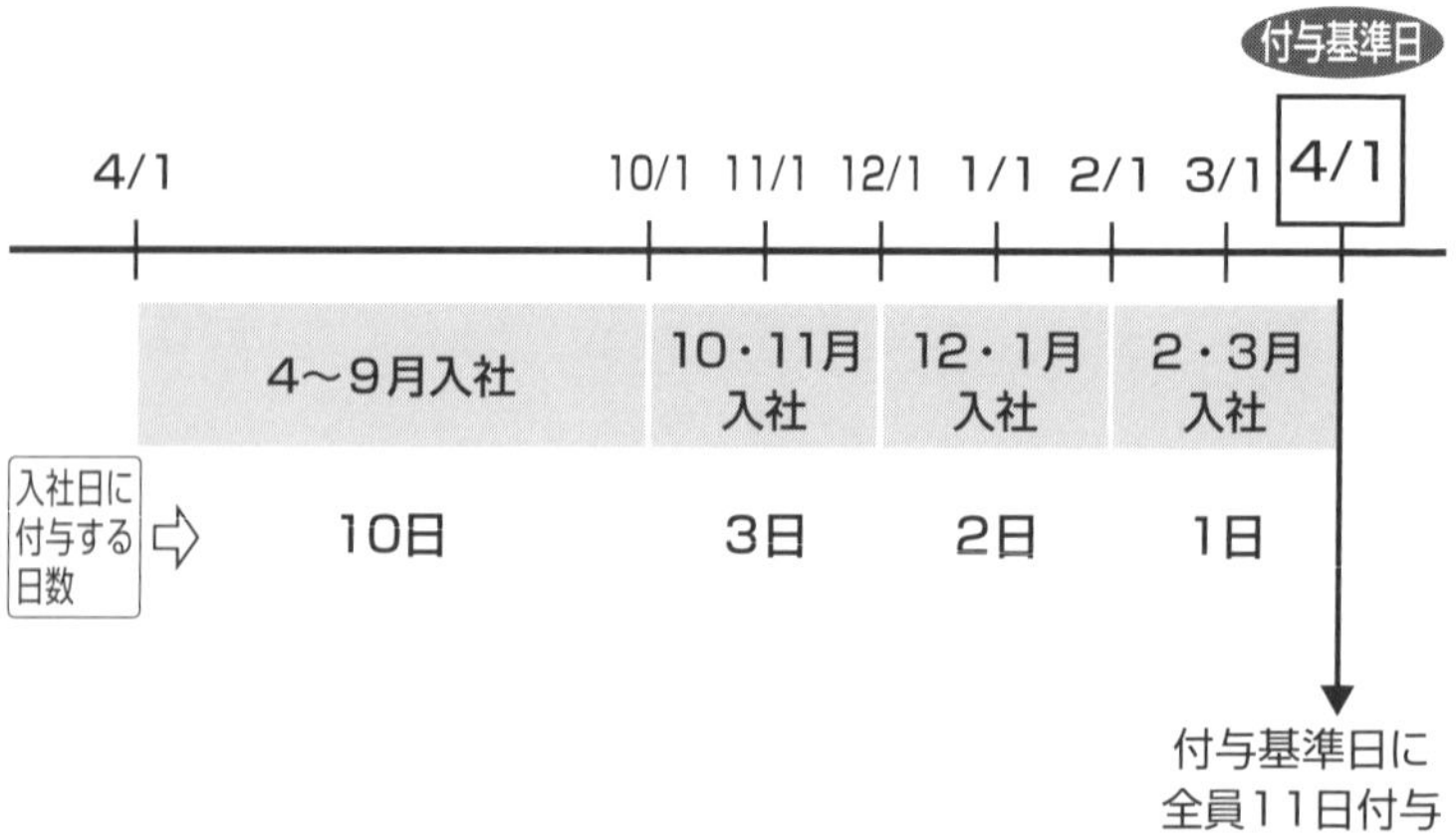

◎「年次有給休暇付与月管理表」の例◎

年次有給休暇付与月管理表

付与日	対象者				
1月1日	田中				
2月1日	坪井	高原			
3月1日	佐藤	長谷部	原口		
4月1日	柏木	佐川	福永	西川	山岸
5月1日	井原				
6月1日	梅崎				
7月1日	土屋	小野			
8月1日	槙野				
9月1日	西田	永井	鈴木		
10月1日	岡野				
11月1日	福田				
12月1日	濱田				

者に1日を付与し、4～9月までの入社者には、入社日に10日を与える方法です。この場合、いずれも翌年4月の付与基準日には、一斉に11日を前倒し付与します。

いずれにしても、付与基準日を設定することは、法律上の付与日数を前倒しする関係で、会社コストはアップすることになります。さらに【例1】や【例2】のように年休の前倒し付与をする場合、労基法の「雇入れの日から起算して6か月間、継続勤務し、全労働日の8割以上出勤した」という規定は、どのように解釈することになるのでしょうか？

これについては、「継続勤務6か月未満の者に対し、6か月間に足りない期間を出勤したものとみなす」取扱いをしなければならないことに注意が必要です（平成6年

1月4日／基発1号）。

会社コストを最小限に抑えることを優先すれば、入社日から6か月経過してから年休を付与する「法律どおり付与」の方法がベストであり、また社員側にとっても、一番公平であるといえます。この「法律どおり付与」のネックは、年休の付与日が個人ごとにバラバラになり、管理が煩雑になることですが、少しでも管理しやすいように前ページのような「年次有給休暇付与月管理表」を作成し、毎月、給与計算時のタイミング等で当月の付与対象者をチェックする方法で、人事部門の負担をやわらげることができると思います。

さらに、年休付与のタイミングを各月の初日（1日）にそろえる（もちろん、何日かの前倒し付与にはなりますが）ことで、当該管理表による管理はさらにシンプルになるでしょう。

年次有給休暇の計画的付与

年休は、労働者が取得を希望する日を指定したうえで付与するのが一般的な流れです。しかし労基法では、労使で協議したうえで、年休を計画的に与えることを認めています。

これを「**計画的付与**」と呼んでいますが、年休の取得率を上げる目的で制度化されたもので、全社一斉に年休日とする方法のほか、部署・課・グループ単位などに分けて取得する方法、勤務シフトにより個人別に取得する方法など、労使協定で定めることによりさまざまな設定が可能です。

年次有給休暇の時間単位取得

業務による心身の疲労から休暇取得によってリフレッシュすることで、業務効率化やモチベーションアップにつなげることが、本来の年次有給休暇の目的です。

こうしたことから法律上の年休の最小単位は「1日」が原則となっています。ただし、労働者の利便性を考慮して、半日単位での取得を認めている会社が多いのが現実です。

さらに、平成22年（2010年）施行の労基法改正により、年休の時間単位取得が年間5日までの範囲でできるようになっています。

ただし、この年休の時間単位取得ができる要件として、一定の事項を定めた労使協定を締結する必要があります。労使協定による合意形成がなければ、時間単位の年休は導入できないため、会社によって時間単位年休制度がなくても違法とはいえないわけです。

3-4 年次有給休暇の5日取得義務化

べらんめえ社長「先生、なにやら年次有給休暇を5日取得させなきゃいけないことになったらしいじゃないですか?」

ソリュー先生「珍しくちゃんと法改正の情報をつかんでいるじゃないですか」

社長「えへへ、下請けさんの社長から昨日聞いたんだよ。たまには『できる社長』っていってくれませんかねー」

先生「昨日ですか…」(汗)

パートタイマーにも適用される

べらんめえ社長のいうとおり、働き方改革の法改正の大きな柱の一つにあげられるのが、2019年4月から施行された「**年休の5日取得義務化**」です。

これは、年休が10日以上付与される労働者について、付与された日を起算として1年以内に最低5日の年休を与えなければならないというものです。年休が10日以上付与される労働者とは、正社員はもちろん、パートタイマーでも10日以上の付与となる場合は対象となるので注意しましょう。

90ページ表の法定付与日数でいえば、たとえば週4日勤務するパートタイマーは、勤続3年6か月以上となった場合に年休が10日付与されることになるため、このタイミングで5日取得義務の対象労働者となるわけです。

5日取得義務の対象となる年休は、1日単位の年休だけでなく半日単位の年休取得を認めている会社の場合、これも累積することができます。しかし、時間単位の年休取得を認めている会社について、これを5日取得義務の対象として累積することはできないこととなっています。

年休の5日取得義務化は、本人の希望を聞き、付与日から1年以内に、**会社側が時期を指定して**取得させなければならないことになっています。

これまで年休は、①本人が指定する、②計画的付与を行なう、という二通りの与え方がありましたが、改正法は③会社が指定する、という選択肢を新たに設けました。ただし、5日取得義務の履行には、①または②の方法で取得した日数は除くということで、原則は本人が希望する日や、労使合意で計画的付与をされる分を優先することで、5日取得義務化を果たすこととしています。つまり、すでに本人が希望して指定した年休がすでに5日請求もしくは取得している場合は、会社が指定することはできません。

◎年休５日取得義務の重複期間を通算して比例按分する方法◎

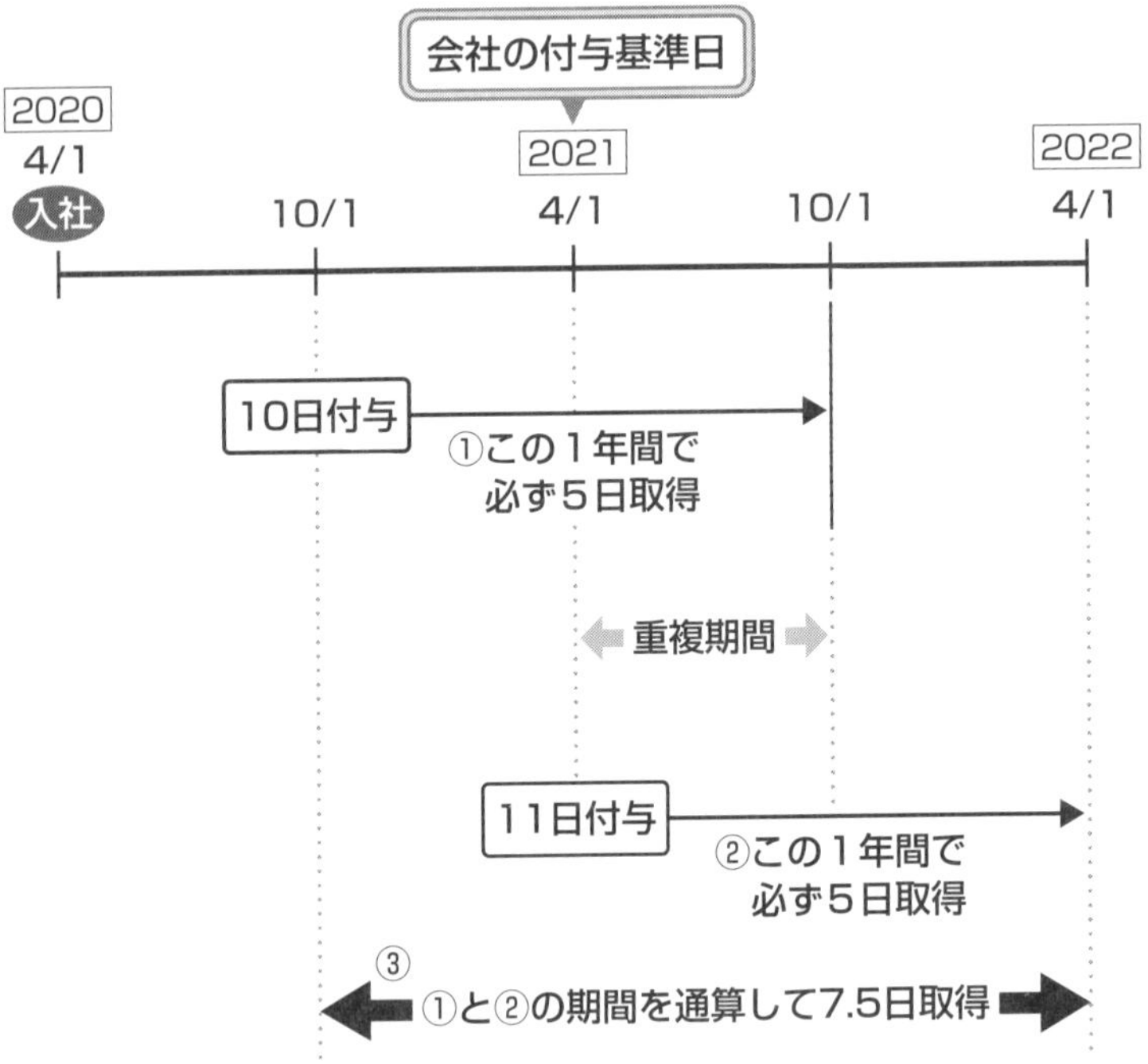

【原則】①、②それぞれの期間で年５日の取得義務あり
⇒ この場合、期間ごとに管理が必要なため煩雑

【例外】③の期間（2020/10/1～2022/3/31）を通算して7.5日取得すればＯＫ！

（※）7.5日＝「月数（18か月）÷12×5日」で算出。半日単位の年休制度がない会社の場合は、切り上げて「8日」となる。

◎「年次有給休暇管理簿」の例◎

年次有給休暇管理簿

部門名　　　　　　　　　　　　氏名　　　　　　　　　　　　年度分

入社年月日	基準日(付与日)	有効期間	前年度繰越日数	日	計	日
年　月　日	年　月　日	年　月　日(基準日) 〜 年　月　日	今年度付与日数	日		

年次有給休暇取得年月日 自　年　月　日〜至　年　月　日	使用日数(時間数)	残日数(時間数)	請求等種別	請求日(指定日)	本人印	直属上司印	部門長印	備考
年　月　日〜　年　月　日	日 時	日 時	・本人請求 ・計画年休 ・会社指定	/				
		日	・本人請求	/				

この5日取得義務化の「付与された日から1年以内」について、92ページ図の【例2】のように年休を前倒し付与した場合は、付与した日数の合計が10日に達した日から1年以内に5日を取得させなければならないことになります。

また、年休の付与基準日をそろえるために入社2年目以降の労働者への付与日を統一する場合は、5日取得義務化の1年間の期間の重複が発生することとなり、前ページ図のように重複が生じるそれぞれの期間をすべて通算して、その期間の長さに応じた日数を比例按分してもよいとされています。

なお、働き方改革による法改正では、「**年次有給休暇管理簿**」の備え付けについても義務づけられました。これは年休の消滅時効が2年であることから、年度ごとに年休の付与日数、取得日数、残日数を管理しなければならないということです。この管理簿については、厚生労働省で公表している上図のようなフォーマット（これは山口労働局のホームページに掲載のものです）で管理しておけばいいでしょう。

3-5

そのほかの休暇のいろいろ

べらんめえ社長「社員の親が亡くなったので忌引休暇を取らせたいと思うんだけど、法律では何日取らせなきゃいけないんですかね？」

ソリュー先生「年次有給休暇と違って、慶弔休暇には法律上の定めはありません」

社長「あっ、そうなの。じゃあ、どうすりゃいいのかなぁ…」

先生「通常は、会社が整備している就業規則で定めておくことになりますね。ほら、社長の会社にも就業規則のここに記載されていますよ！」

社長「あれ、そうでしたっけ…」（汗）

現行法において会社が定める休暇（休業）にはどのようなものがあるか、横断的に整理しておきましょう。意外にしっかりと理解している経営者は少ないものです。

ちなみに、「**休暇**」はスポット的（日、時間単位）に就労を免除するものをいうことに対して、「**休業**」は長期にわたり就労義務を免除する制度をいいます。

法律上、義務となっている休暇・休業

①年次有給休暇

本章で解説したとおりです。

②生理休暇

労働基準法68条では、「使用者は、生理日の就業が著しく困難な女性が休暇を請求したときは、その者を生理日に就業させてはならない」と定めています。有給か無給かについて法律上の定めはないですが、一般的には無給としている会社が多いです。

③産前・産後休業

労働基準法65条において、女性労働者が請求した場合、産前6週間（多胎妊娠の場合は14週間）は就業させることができないこととされています。産後においても原則として8週間は就業禁止とされていますが、6週間経過し、本人が請求して医師が支障がないと認めた場合は、業務に就かせることができます。健康保険から、休業中の給与のおよそ3分の2が支給されるため、会社から給与は支給されないのが一般的です。

④育児休業・介護休業

育児休業は、子が1歳になるまで（保育園が待機状態で入園できない等、一定の要件のもとで最大2歳まで）休暇を取得できる制度です。女性労働者はもとより、男性労働者も取得する

ことができます。一方、介護休業は、介護が必要な親族がいる労働者に、通算して93日間の範囲で、休業を認めるものです。

育児休業、介護休業ともに、育児・介護休業法により休む権利が保障されているもので、それぞれ休業期間中は、雇用保険の財源から一定の賃金保障が整備されています。そのため、会社からは当該休業中については無給とする例が一般的といえます。

⑤看護休暇・介護休暇

看護休暇は、小学校入学前の子がいる労働者が、子の看護のために取得するもので、子が1人の場合には年5日、子が2人以上の場合には年10日の範囲で取得を認める制度です。一方、介護休暇は、介護を要する家族1人につき年5日、2人以上いる場合は年10日の休暇取得の権利が与えられるものです。

現在、看護休暇も介護休暇も、半日単位で取得することもできますが、令和3年1月より時間単位で取得することができるように改正されます。

いずれの休暇も労働者が行使する権利を認めるもので、有給か無給かは法律上の定めがないため、就業規則によって明記されることになります。

法律上の定めがない任意の休暇

❶慶弔休暇（特別休暇）

親族の死亡によって休暇を取るような場合や、本人や家族の婚姻の際に一定の日数の休暇を与える会社が多く見られます。これらの休暇は、「慶弔休暇」とか「特別休暇」といった名称で規定されていることが多く、法律上義務づけられた休暇ではありません。

ですから、会社によってその日数もばらばらですし、親族の死亡といってもどの親族の範囲まで適用になるかについても、会社によって異なっています。

さらに、法律上は任意の休暇ということから、この慶弔休暇を有給としている場合もあれば、無給としている場合もあり、企業規模が大きいほど有給であることが多いといえるでしょう。

❷アニバーサリー休暇、療養積立休暇

労働者本人や家族の誕生日、結婚記念日、あるいは会社の創立記念日などを休暇とすることがあります。「アニバーサリー休暇」とか「創立記念休暇」など名前はさまざまですが、会社が独自に設定する休暇です。

また、大企業や外資系企業でみられる制度として、2年の時効で消滅してしまう未消化の年次有給休暇を、長期療養の目的のみに積み立てて使用できる「療養積立休暇」がありますが、これも法定外の任意休暇です。

❸休　職

労働契約というのは本来、労働者が労働を提供することで会社がその対価として賃金を支払うという双務契約です。

労働者が業務外の傷病により一定の期間、就労することができない場合は、労働契約が成立しない状態になり、本来は契約解消となってしまいますが、会社が定めた一定期間、契約解消を猶予してあげる制度が「休職」です。

自己の都合による休職として、右の例にあげた「傷病休職」、議員となった場合の「公職休職」、海外留学等で研鑽を積む目的の「私都合休職」などがあります。会社都合による休職としては、「出向休職」や社命により修学や研修等に行かせる制度などがあります。

休職は、ほとんどの会社が就業規則で定めていますが、法令上の定めのない制度であり、その休職条件や期間もさまざまです。

4章

法的に認められる労働時間制度の活用による残業削減法

この章のキーワード

- 1か月単位の変形労働時間制 ⇒ 106ページ
- フレックスタイム制 ⇒ 109ページ
- 1年単位の変形労働時間制 ⇒ 113ページ
- 裁量労働時間制 ⇒ 119ページ
- シフト制 ⇒ 121ページ

【特定社会保険労務士◎土屋信彦】

4-1

変形労働時間制を活用した時間外労働の削減方法

べらんめえ社長「先生！　うちは土曜日に出勤したら残業代と同じ割増単価で給料を払ってるんだけど、けっこう土曜日に出ることが多くて人件費が大変なんだよ。なんとかならんかね～？」

ソリュー先生「変形労働時間制度は使えないですかね？　これが使えれば、時間外扱いとしていた時間も、通常の給料と同じ単価で支払いができる可能性があるので、割増賃金の支払いも減るかもしれませんよ！」

社長「なんだい、その『変形なんとか』っていうのは？　何もしないで残業代が減るならぜひ使いたいね。使えるもんは親でも使えっていうからな！　わははは…」

「1か月単位の変形労働時間制」の活用

1章で説明したように、労働基準法では労働時間の考え方について、「**原則**」と「**例外**（弾力的運用）」によってさまざまな業種、業態に対応できるよう、幅を広げた考え方をとっています。そのしくみを左の図に整理しておきました。

図の「原則」にあるように、1日8時間の就業時間となっている会社の場合、1週間で考えると40時間以内の労働時間にしなければなりません。単純に割り算をすれば、1週間では5日（40時間÷8時間）以上は働くことができませんね。

◎労働時間に関する原則と例外◎

原則

「1週間は40時間以内」
「1日は8時間以内」

※10人未満の特例事業所（医療、飲食店等）には、週44時間以内の例外がありますが、本章では週40時間制で統一して説明します。

例外

一定の期間を平均して週40時間以内を満たせば、**特定の日に8時間、特定の週に40時間を超えても時間外労働にならない！**

①1か月単位の変形労働時間制
②フレックスタイム制
③1年単位の変形労働時間制
④1週間単位の変形労働時間制

※④は統計的に活用事例が少ないため本書では説明を省きます。

月曜日から金曜日まで勤務した場合に40時間をオーバーしたときは、そのオーバーした分は「時間外労働」ということになり、2割5分増し以上の割増賃金を支払わなければなりません。

そこで、**1か月を平均して**週40時間以内の労働時間であれば、ある特定の日に8時間、またある特定の週に40時間の原則時間を超えても、時間外労働としてカウントしなくてもいいですよ、というのが「**1か月単位の変形労働時間制**」です。

法律では、「1か月以内の一定の期間を平均して週40時間を超えない範囲」ということになっているので、この「一定の期間」は2週間、4週間でもかまわないのですが、運用していくと一定期間の起算日がわからなくなってしまうため、現実には「1か月」を単位として活用されている例がほとんどです。

1か月は、暦のうえで30日、31日だけでなく28日、29日となる場合もあるので、平均して週40時間以内であるかは、次の算式によって求めます。

「週40時間を達成するための労働時間の総枠=週40時間×変形期間の暦日数÷7日」

この算式をもとに「1か月単位の変形労働時間制」を利用した場合の1か月の労働時間の総枠は次ページ表のとおりとなります。

つまり、28日ある2月の場合、1日8時間が所定労働時間の会社であれば、「160時間÷8時間=20日」となり、休日は8日必要となりますが、1日7時間が所定労働時間の会社では、「160時間÷7時間=22・8…」となり、休日は6日確保すれば1か月160時間以内（22

◎週40時間を達成するための労働時間の総枠◎

1か月の日数	労働時間の総枠
31日	177時間
30日	171時間
29日	165時間
28日	160時間

※総枠時間数は小数点以下を切り捨てています。

日×7時間）となり、週40時間以内なので割増賃金の支払いが不要となるわけです。

このように月初はヒマだけど月末は忙しい、というような会社や、土曜日は何回か出勤が必要になる会社などは、この制度を使えば時間外労働の削減が図れるかもしれません。

1か月単位の変形労働時間制を活用した時間外労働の削減例は110、111ページ図のとおりです。

「フレックスタイム制」の活用

「フレックスタイム制」は、「1か月単位の変形労働時間制」に似ていますが、異なる点は、

◎「1か月単位の変形労働時間制」を使った時間外労働削減の例①◎

月末が忙しいA社の場合

【「原則」の労働時間制の場合】

日	月	火	水	木	金	土
―	8	8	8	8	8	休
休	8	8	8	8	8	休
休	8	8	8	8	8	休
休	9 (1)	9 (1)	9 (1)	9 (1)	9 (1)	休
休	10 (2)	10 (2)	―	―	―	

1日の労働時間

(　)は残業時間

合計9時間が
残業！

【1か月単位の変形労働時間制を使うと…】

30日の暦月で171時間以内で
シフトを組む

日	月	火	水	木	金	土
―	7	7	7	7	7	休
休	7	7	7	7	7	休
休	7	7	7	7	7	休
休	9	9	9	9	9	休
休	10	10	―	―	―	―

1か月の
労働時間は
171時間以内
なので
残業はゼロ！

30日の暦月の場合は…
40時間×30日/7日(1週)≒171時間以内ならば
残業なし!!

◎「1か月単位の変形労働時間制」を使った時間外労働削減の例②◎

土曜日の出勤があるB社の場合

【「原則」の労働時間制の場合】

日	月	火	水	木	金	土
ー	7	7	7	7	7	7 (2)
休	7	7	7	7	7	休
休	7	7	7	7	7	7 (2)
休	7	7	7	7	7	休
休	7	7	ー	ー	ー	ー

← 週42時間のため、第1、3週の2時間は残業

合計4時間が残業！

【1か月単位の変形労働時間制を使うと…】

上記カレンダーとまったく同じ勤務状況で

24日勤務 × 7時間 ＝ 168時間 ……①

30日の暦月の場合は…
40時間×30日/7日（1週）≒171時間以内ならば残業なし!!

① ＜ 171時間なので　残業ゼロ

◎「フレックスタイム制」を使った時間外労働削減の例◎

研究所に勤めるAさんの場合

「原則」労働時間制 ➡ 1か月8時間勤務、稼働日は20日

フレックスタイム制 ➡ 1か月の稼働日、総労働時間160時間のみが決まっている

時間を気にせず研究に没頭したら、
今日は10時間も働いちゃった！

⬇

原則の労働時間制では ➡ その日の残業時間2時間は確定します。

フレックスタイム制では ➡ 1か月の総労働時間160時間を超えなければ残業ゼロ！

時間外労働削減効果だけでなく、
仕事の効率もよくなります！

⬇

原則の労働時間制では ➡ 疲れているけど明日も9時に出社しないと。。。（ToT）

フレックスタイム制では ➡ 疲れているから明日は2時間遅く11時に出社（^_-)-

本人の自由裁量によって1日の出退勤時刻を決めるところです（詳細は1章を参照）。

1か月単位の変形労働時間制では、会社が就業規則や労使協定によって**あらかじめ**勤務シフトを決めることになりますが、フレックスタイム制では、原則として1か月の総労働時間を決めておき、その時間を超えた分を時間外労働としてカウントすることになります。

デザイナーや研究職、設計業務など、1日や1週の労働時間の拘束を受けながら仕事をするよりも、本人の裁量に任せて業務効率が上がるように働いてもらったほうが成果が出やすい仕事に向いています。

一般的に、必ず出勤してもらう時間帯「**コアタイム**」と、自由に出勤・退勤ができる時間帯「**フレキシブルタイム**」とに分けて運用する例が多いですが、コアタイムを設定することが義務となっているわけではありません。

フレックスタイム制を活用した時間外労働の削減例は前ページ図のとおりです。参考にしてください。

「1年単位の変形労働時間制」の活用

土曜日に出勤しないと業務がまわらない建設業や製造業では、「**1年単位の変形労働時間制**」を効果的に使っているケースが多くみられます。1年を通して繁忙期と閑散期が決まっている業種でも、この変形労働時間制の活用で時間外労働の削減を図ることができます。

原則による労働時間制では、1日8時間が所定労働時間となっている場合、月曜日から金曜日まで通常出勤後、土曜日に出勤すると、朝から時間外労働となり（週40時間を超えるため）、割増賃金を支払わなければなりません。

しかし、「1日の労働時間」と「1年間に必要な休日数」をうまく組み合わせると、土曜日の出勤も時間外労働扱いとすることなく、割増賃金の支払いを減らすことが可能となります。

さらに季節ごとに繁忙期が決まっている場合は、1日の所定労働時間についても季節ごとにきめ細かく設定することで、業務量と労働力のミスマッチを防ぐことができ、時間外労働削減の効果もより大きくなるのです。

1年単位の変形労働時間制を使った時間外労働削減の例は次ページ図のとおりです。

図の事例で、カレンダーのうち3月について、仮に他の労働時間制でみた場合、次のようになります。

【原則の週40時間労働時間制の場合】

- 1週目…7時間×6日＝42時間　2時間の時間外労働が発生
- 2週目…7時間×6日＝42時間　2時間の時間外労働が発生
- 3週目…7時間×6日＝42時間　2時間の時間外労働が発生
- 4週目…7時間×6日＝42時間　2時間の時間外労働が発生

◎「1年単位の変形労働時間制」を使った時間外労働削減の例◎

A社の状況

- 3月、12月は繁忙期
- 月の後半は忙しい

➡

- 1日の労働時間を7時間とする
- 3月、12月の土曜は出勤
- 月の後半の土曜は出勤

この条件で年間カレンダーを作成すると…

1月 (9)

日	月	火	水	木	金	土
					1 元日	**2**
3	4	5	6	7	8	**9**
10	**11** 成人の日	12	13	14	15	16
17	18	19	20	21	22	23
24	25	26	27	28	29	30
31						

2月 (7)

日	月	火	水	木	金	土
	1	2	3	4	5	**6**
7	8	9	10	**11**	12	**13**
14	15	16	17	18	19	20
21	22	23 天皇誕生日	24	25	26	27
28						

3月 (4)

日	月	火	水	木	金	土
	1	2	3	4	5	6
7	8	9	10	11	12	13
14	15	16	17	18	19	20 春分の日
21	22	23	24	25	26	27
28	29	30	31			

4月 (6)

日	月	火	水	木	金	土
				1	2	**3**
4	5	6	7	8	9	**10**
11	12	13	14	15	16	17
18	19	20	21	22	23	24
25	26	27	28	29 昭和の日	30	

5月 (10)

日	月	火	水	木	金	土
						1
2	**3**	**4** みどりの日	**5** こどもの日	6	7	**8**
9	10	11	12	13	14	15
16	17	18	19	20	21	22
23	24	25	26	27	28	29
30	31					

6月 (6)

日	月	火	水	木	金	土
		1	2	3	4	**5**
6	7	8	9	10	11	**12**
13	14	15	16	17	18	19
20	21	22	23	24	25	26
27	28	29	30			

7月 (6)

日	月	火	水	木	金	土
				1	2	**3**
4	5	6	7	8	9	**10**
11	12	13	14	15	16	17
18	19 海の日	20	21	22	23	24
25	26	27	28	29	30	31

8月 (10)

日	月	火	水	木	金	土
1	2	3	4	5	6	**7**
8	9	10	**11** 山の日	**12**	**13**	**14**
15	16	17	18	19	20	21
22	23	24	25	26	27	28
29	30	31				

9月 (6)

日	月	火	水	木	金	土
			1	2	3	**4**
5	6	7	8	9	10	**11**
12	13	14	15	16	17	18
19	20 敬老の日	21	22	23 秋分の日	24	25
26	27	28	29	30		

10月 (8)

日	月	火	水	木	金	土
					1	**2**
3	4	5	6	7	8	**9**
10	**11** 体育の日	12	13	14	15	16
17	18	19	20	21	22	23
24	25	26	27	28	29	30
31						

11月 (7)

日	月	火	水	木	金	土
	1	2	**3** 文化の日	4	5	**6**
7	8	9	10	11	12	**13**
14	15	16	17	18	19	20
21	22	23	24	25	26	27
28	29	30				

12月 (6)

日	月	火	水	木	金	土
			1	2	3	4
5	6	7	8	9	10	11
12	13	14	15	16	17	18
19	20	21	22	23	24	25
26	27	28	29	**30**	**31**	

休日 ■

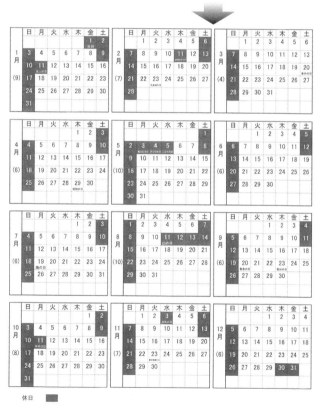

●5週目…7時間×5日＝35時間　時間外労働なし（4月第1週を含む）

したがって、**1か月に8時間の残業代**が発生します。

【1か月単位の変形労働時間制の場合】

●31日の月の場合は…

40時間×31日／7日（1週）≒177時間→1か月177時間以内ならばクリア！

ただし、この3月カレンダーのとおりに出勤した場合、「27日勤務×7時間＝189時間」となり、177時間を12時間もオーバーしてしまうため、「1か月単位の変形労働時間制」を採用することはできません。

1年単位の変形労働時間制であれば、労働時間を繁忙期に振り向けることが可能となるので、3月や12月のカレンダーのように土曜日に出勤したとしても、時間外労働の割増賃金を支払うことはありません。

1年単位の変形労働時間制は、年間を通して繁忙期と閑散期の調整を図る制度です。前ページ図の例では、年間平均でおよそ週37時間36分の労働時間となっており、3月のように休日が少ない月があったとしても**時間外労働ゼロ**とすることができるわけです。

実際に年間平均で週40時間以内にするには、「1日の所定労働時間」に対応して「年間休日数」がどれだけ必要かという表を次ページに示しておきますので、これを参考にして年間カレンダ

◎週40時間以内にするために必要な年間休日数◎

1日の労働時間	1年（365日）	1年（うるう年）
8時間	105日	105日
7時間55分	102日	102日
7時間50分	99日	100日
7時間45分	96日	97日
7時間40分	93日	94日
7時間35分	90日	91日
7時間30分	87日	88日
7時間25分以下	85日(※)	86日

※「1年単位の変形労働時間制」では年間労働日数は「280日」が上限となるため、年間休日数の下限は85日（うるう年は86日）となります。

ーを自社の繁閑期に合わせて作成してみてください。

このカレンダーをつくることができれば、時間外労働（割増賃金）を減らすことができるでしょう。

4-2 裁量労働時間制を活用した時間外労働の削減方法

べらんめえ社長「うちの設計業務をやらせている社員は、暗くなると頭がさえてくるんだけど、昼間はボーっとして能率が悪くて、残業代をムダに払っている気がするんだよ。どうにかならんかい、先生！」

ソリュー先生「時間を拘束して働かせるよりも、効率や成果を重視する仕事では『裁量労働時間制』を使うといいかもしれませんね。『みなし労働時間制』ともいいますよ」

社長「残業時間の計算が面倒だから、それじゃー全員、裁量労働時間制を利用しよう！」

先生「いや、一定の要件があるので全員は難しいと思いますが…」

社長「えっ、ダメなの…!?」

裁量労働時間制とはどんな制度か

「**裁量労働時間制**」には種類があり、それぞれに使うための要件が決められています（詳細は1章参照）。ここでは、裁量労働時間制を使った時間外労働の削減の考え方について説明しましょう。

裁量労働時間制には、「専門業務型裁量労働制」と「企画業務型裁量労働制」の2種類がありますが、時間外労働を削減する考え方はいずれも基本的に同じです。

裁量労働時間制を活用しない場合は、「成果のある集中した時間帯」であっても、「ボーっとして成果の薄いダラダラ時間帯」であっても、会社側からみた1時間の労働単価に差をつけることはできません。

それに対し裁量労働時間制の考え方は、労働時間の長さではなく、**成果や質によって労働に対する評価を行なう**という考え方であるため、裁量労働時間制の法的な要件が適正に認められる場合は、これを活用することによりムダな時間外労働の削減を図ることが可能となります（法的要件については1章参照）。

まずは法的要件を満たすかどうか検討してみよう

裁量労働時間制については、時間外労働削減の方法論というよりも、成果や質に主眼をおいて、一定の労働時間として〝みなして〟しまうわけですから、法的要件を満たして対象となりうる業務であるか、またどの程度の労働時間とみなすかが重要ということになります。

べらんめえ社長の会社の場合でいえば、実測の労働時間が10時間であっても、みなし労働時間が8時間とすれば、時間外労働はゼロとなり、結果的に時間外労働の削減になるわけです。

実際にも、時間にとらわれずに働きたいという労働者は意外に多く、裁量労働時間制が適用できうるかを検討する価値は十分にあり、実質的な時間外労働削減の効果はかなり大きく見込まれるはずです。

4-3 シフト制を活用した時間外労働の削減方法

べらんめえ社長「今回受注した得意先の仕事なんだけど、朝9時から夜9時まで必ず社員を常駐させてくれっていうんだけど、残業代を払うと、もうけがなくなっちゃうんだよね」

ソリュー先生「交替制の勤務を活用すれば、残業代を払わないですむかもしれませんね」

社長「野球の代打みたいなもんかい？」

先生「う～～ん、ちょっと違うかも…」（汗）

「シフト制」とはどんな勤務形態か

「シフト制勤務」のことを「交替制勤務」ともいいますが、24時間勤務体制のホテル業や、朝から夜遅くまで営業している飲食業などで多く活用されています。よく、「早番」「中番」「遅番」などという言葉を使いますが、それぞれが時間外労働をせずに、バトンリレーのように勤

◎「シフト制」による時間外労働の削減例◎

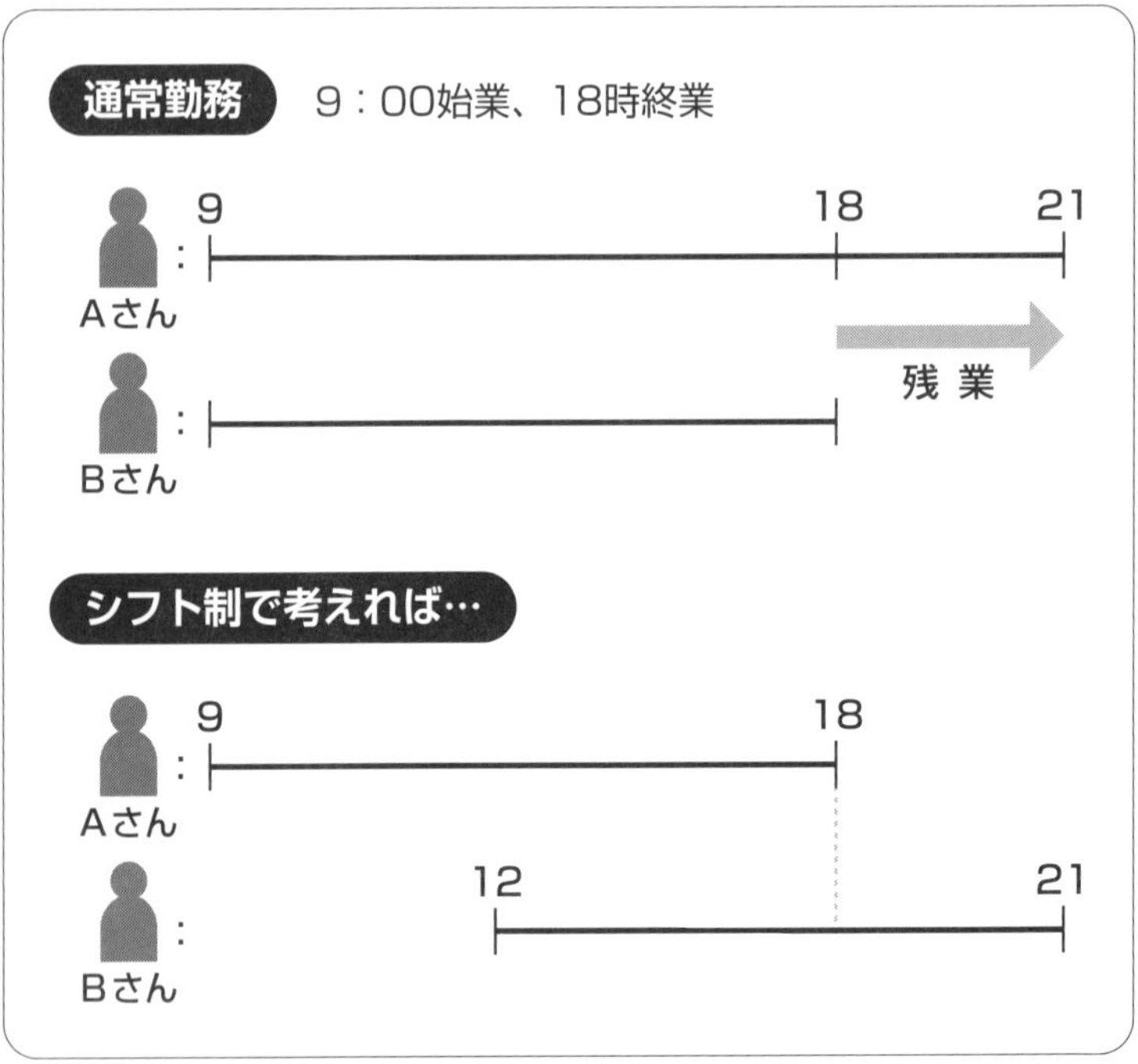

務していくイメージの労働時間制度です。

べらんめえ社長の会社のように、通常の勤務体制だと社員全員が同じ始業時刻から勤務を開始すると、8時間の労働時間を超えてからは残業となってしまい、人件費が高くなってしまいます。

これに対応するために始業時刻をずらすことにより、各社員は法定労働時間内で就業し、残業を発生させずに勤務してもらうことがポイントです。

上の図は、シフト制を活用した時間外労働を削減する方策としてわかりやすいようにとてもシンプルな例にしましたが、実際の運用について具体的にみていきましょう。

①一時的な業務の場合

べらんめえ社長の会社が受注した得意先からの業務依頼が、「一時的」なものであった場合は、**就業規則に始業・終業時刻の変更条項**を入れることにより対応が可能となります。これは、就業規則に就業時間の変更の根拠となる条項を入れておき、この規定にもとづいて始業、終業の時刻を一時的に変更してもらうやり方です。

就業規則には、下記の第2項のように記載します。

前ページ図のBさんは、この規定にもとづいて通常勤務の場合の「9時始業、18時終業」から「12時始業、21時終業」という勤務に変更してもらうことになります。

【就業規則の規定例】

第○条　始業、終業の時刻および休憩時間は以下のとおりとする。

　始業時刻　9：00　　　終業時刻　18：00

　休憩時間　12：00〜13：00

2　業務の都合または季節により、就業時間および休憩時間を繰り上げまたは繰り下げ、および変更をすることがある。

②恒常的な業務の場合

①の一時的な業務の場合とは異なり、得意先の依頼が恒常的なものである場合は、就業規則には、シフト制による早番、中番、遅番などの始業・終業時刻を具体的に記載しておくことで、勤務シフトが数パターンで構成されていることを明記します。

就業規則には、下記のように記載します。

③シフト制と1か月単位の変形労働時間制を併用する場合

「シフト制」の活用による時間外労働削減の方法を応用して、「1か月単位の変形労働時間制」（106～111ページ参照）と併用した削減方法も考えられます。つまり、特定の日の労働時間を所定の労働時間より長く設定して、その分、他の日の労働時間を短くし、1か月

【就業規則の規定例】

第○条　始業、終業の時刻および休憩時間は、シフト制により下記のとおりとする。

	始　業	終　業	休憩時間
早　番	6：00	15：00	11：00～12：00
中　番	9：00	18：00	13：00～14：00
遅　番	12：00	21：00	17：00～18：00

◎「シフト制」と「1か月単位の変形労働時間制」の併用例◎

日	月	火	水	木	金	土
9	9	休	9	9	休	9
6	休	6	6	6	6	6
休	9	6	休	9	6	6
9	6	休	9	6	休	9
6	6	9				

1日の労働時間

➡ 1か月の労働時間は
177時間

31日の暦月の場合は…
40時間×31日/7日(1週)≒177時間以内ならば
残業なし!!

【就業規則の規定例】

第○条　始業、終業の時刻および休憩時間は、シフト制により下記のとおりとし、毎月○日を起算日とする1か月単位の変形労働時間制を採用することにより、1か月を平均して1週40時間以内の労働時間とする。

	始　業	終　業	休憩時間	労働時間
Aシフト	5：00	12：00	8：00～ 9：00	6時間
Bシフト	9：00	19：00	13：00～14：00	9時間
Cシフト	15：00	22：00	18：00～19：00	6時間

2　勤務シフトは月単位で各人ごとに定め、勤務が始まる○日前までに通知する。

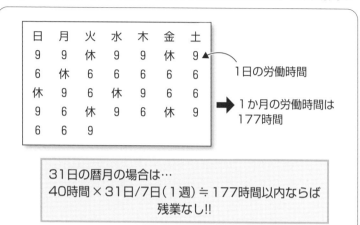

の平均で週40時間以内にする方法です。

就業規則には、前ページ下のように記載します。

単純に「シフト制」を活用して残業時間の削減を図るほかに、「1か月単位の変形労働時間制」と併用した時間外労働削減の方法も紹介しました（前ページ上図）。曜日または時間帯により業務量が決まっていて、業務の繁閑に合わせて人員配置をしたほうがうまくフィットする場合は、このように応用することにより、効率的かつムダな時間外労働をつくらないようにすることが可能となります。

どの労働時間制度を使ったらよいか、ケースバイケースで選択肢を広げて考えるとよいでしょう。自社の業務の特性と各種労働時間制度の内容をよく理解して、時間外労働の削減対策を検討してみてください。

場合によっては、これらの制度設計のプロである社会保険労務士に相談してみるといいかもしれません。

4-4 休憩時間を活用した時間外労働の削減方法

べらんめえ社長「現場では暗くなったら作業できないから、朝は7時に仕事に入って、夕方5時まで働くことも多いんだ。昼休憩が1時間あって実労働は9時間だから、毎日、残業代が必ず1時間ついてけっこうな金額になるね～」

ソリュー先生「現場作業の場合、長時間連続勤務で集中力が欠如すると、事故を起こすことにもつながるので、注意しなければいけませんね」

社長「うん、午前と午後に強制的に30分ずつ休憩時間が入るから心配ないよ」

先生「そうですか。それじゃあ、お昼の休憩以外にも、午前と午後の合計で1時間の休憩が入るってことですよね？」

社長「ああ、そうだよ！」

先生「休憩をしっかり取っているのなら、それは労働時間にはなりませんよ。もしかして残業代を払う必要はないのでは…」

休憩時間は労働時間には含まれない！

「休憩」については、労働基準法34条で規定されており、始業時刻と終業時刻の「労働時間の途中」に与えなければなりません。この労基法の規定は最低の労働条件を規定しているものですから、休憩時間が2時間であっても違法ではありません。実際、クリニックなどの医療業では、午前の診察が終わると2時間程度の休憩時間を取る例は多いです。

べらんめえ社長の会社では、自由に利用できる休憩時間が合計2時間確保されていますから、1日の労働時間は8時間となり、時間外労働は発生しないことになります。

また、残業を行なう場合、いったん夕食のための休憩時間を30分程度設けるケースもあります。この時間も当然、労働時間には含まれません。

そのほか、シフト制を採用している飲食業や宿泊業などでは、シフトの兼ね合いから休憩時間を分割して与えてムダな残業を発生しないよう工夫をすることも可能となります。

休憩時間をうまく活用することで、時間外労働の削減を図るだけでなく、集中力の欠如からくるミスや労災の未然防止にもつながり、さらには業務効率や生産性が上がることによって、実質的な時間外労働の削減効果も期待できるでしょう。

4-5 年次有給休暇などの休暇をもっと活用しよう

べらんめえ社長「事務の女性が、午前中に半日の有給休暇を取って午後1時に出社したんだけど、夜7時まで仕事やって帰ったんだ。うちの就業時間は朝9時から午後6時までだから、1時間の残業をつけないとまずいよね?」

ソリュー先生「なぜそのように考えるんですか?」

社長「午前中は有休だから、出勤したのと同じ扱いになるんでしょう?」

先生「なるほど、そう考えたのですね。でも違いますよ」

年次有給休暇と実労働時間主義の考え方

有給の半休を取った日に、所定の終業時刻を超えて勤務してしまうケースは意外とよくあることです。

労働基準法は「**実労働時間主義**」という考え方をとっており、その日の実労働時間が法定の

8時間を超えない限り、割増賃金の支払いは必要ありません。したがって、べらんめえ社長の会社のケースでは、実労働時間は午後1時から7時までの6時間になるため、割増賃金の支払いの必要はありません。

ただし、半日有給休暇を取っているので、午後6時から7時までの1時間分は、割増をしない通常賃金（100％）を支払う必要はあります。

例外的に、就業規則において「終業時刻を過ぎて勤務した場合は、その時間数に応じた時間外割増賃金を支払う」と規定している場合は、実労働時間数にかかわらず割増賃金を支払う必要があります。あなたの会社の就業規則を一度チェックしてみてください。

これは、時間外労働の削減対策ということではありませんが、給与計算上、誤って割増賃金を支給している例が多いところなので注意しましょう。

意識改革を行なって、休暇取得で残業削減を

「今週の○曜日は家族旅行のために有休を取ったから、今日はこの仕事を優先して○時までに片づけてしまおう」とか、「今日は夕方からのコンサートを観に行くために時間単位の有休を取って早退するから、この仕事をそれまでに終わらせてしまおう」というように考えたことはきっと誰でもあるでしょう。

結果として、これが時間外労働の削減につながっている可能性は高いといえます。頭のなか

で「この仕事を優先的に」とか、「この時間までに終わらせる」というスイッチが入ると、無意識に効率的で集中した仕事ができるからです。

年次有給休暇だけでなく、さまざまな休暇制度を活用して適宜、休暇を取得することによって業務が効率的に行なわれ、結果として時間外労働の削減につながっているものです。

プラス1

業務効率化による労働時間の削減方法

特定社会保険労務士◎濱田京子

1 徹底したスケジュール管理

仕事のスケジュール管理を徹底することで、事前に適切な段取りが可能となり、変更事項を最低限にすることができて、結果的に全体的な業務効率化につながります。

スケジュール管理をどのようにすればよいか、ということを考えるにあたり、以下の3つの視点から整理していくとよいでしょう。

①全体スケジュールの把握

業務の規模が大きくなればなるほど、全体を把握して必要なタイミングで判断をすることの重要性は高まります。したがって、必ず全体スケジュールを把握して判断する仕事が必要となります。責任者を明確にして、全体スケジュールを確実に把握できるようにしておきましょう。決まっている全体スケジュールのなかで、個々のタスクについてもそれぞれの業務の「ゴールの日」から「スタートの日」を決めて、具体的なスケジュールを決めていきます。

②モレのないタスク出しとその手順の確認

大きな仕事の単位である「業務」から、細かい仕事の単位の「タスク」に分解していきます。必要なタスクは、すべてモレなく洗い出すことに注力しなければなりません。ここで洗い出したタス

◎仕事のスケジュール管理の「段取り」のつけ方◎

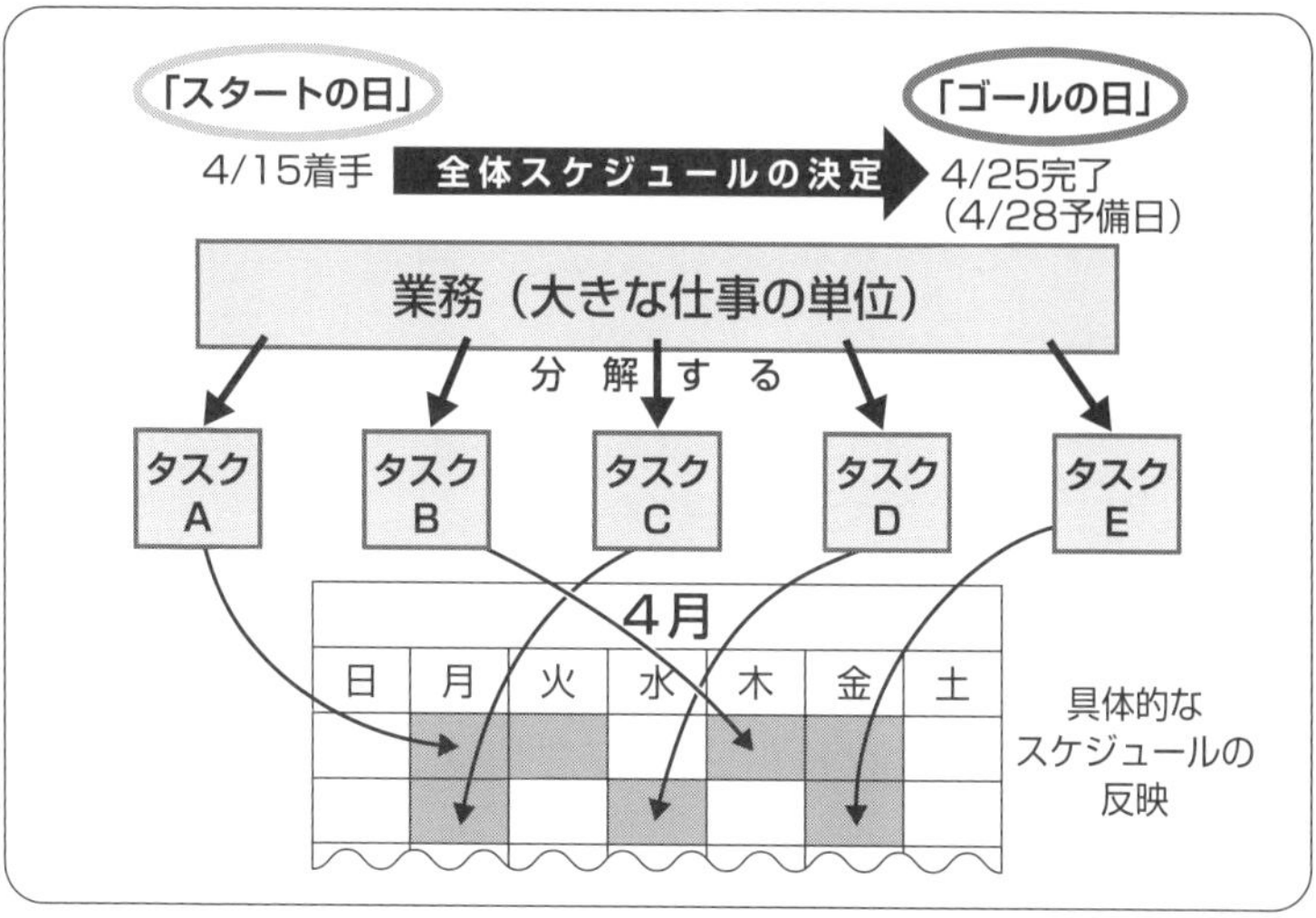

クすべてを一覧形式で眺められるようになっていることがポイントです。なぜならば、ここでゴールをめざすために必要なタスクがすべて網羅されているかをチェックするためのほか、そのタスクの実行順序が適切かどうかもチェックしておきます。業務の目的、完了時に得られる効果を意識しながら、ゴールの日のアウトプットを明確にできる手順どおりの一覧になっているタスクリストが出来上がれば、あとはそれに沿って確実に進めていくことができます。いろいろな事情により途中でさらにタスクを検討しなければならないことは発生しますが、基本となるタスクが明確になっていることで、迷いが減り、効率的に仕事を進めることができますし、スケジュールのメドをいつも意識することができます。

③進捗確認の徹底

どんなに確実なスケジュールを立てていて

も、進捗確認をしていないと意味がありません。したがって、スケジュール、タスクの進捗を確実に確認することを徹底することが重要です。たとえば、進捗確認を1か月に1回など定期的に実施するために、期日を決めて必ず実施し見直しを含めて対応することを徹底します。進捗確認を徹底するには、責任者・実施者を決めて、誰がいつ何を判断するのか、ということを明確にしておくことが必要となります。

2 仕事の再現性の向上

業務を効率化するためには、自社のノウハウを共有し、再現性を高めることが考えられます。特に最近は、テレワークを始めとした多様な働き方が増えたことで、物理的な「場」を共有できなくなり、自然と情報共有ができなくなっています。つまり、共有が可能となるしくみがないと、自然とは共有できないという現象が起きてしまいます。

ノウハウを共有することで、仕事の再現性が向上するので、結果的に全体的な業務効率がよくなります。また、担当者によってサービス内容等に差が生じることを防ぎ、サービスや業務自体が安定するというメリットもあります。

では、具体的に仕事の再現性の向上可能なノウハウの共有は、どのようにすればよいかというと、そのノウハウをしくみ化、見える化することが考えられます。

具体的には、ある程度、定型的な業務の再現性を向上する目的を達成することを考慮すると、手順書やチェックリストという形式でまとめることをおすすめします。

「手順書」とは、段取りや手続き方法をすべき順序で記載したもので、「チェックリスト」は、業務ごとに特に注意する項目をリスト化したものとします。

社内で業務単位のマニュアルを作成していることがあると思いますが、実は、マニュアルの作成は効率がよいとはいえません。マニュアルは、業務の取扱説明書や手引書のような位置づけであり、作成するための労力がかかりすぎる、という課題があります。

また、業務の習熟度が上がったときには、マニュアルは不要となってしまうため、結果的に誰もメンテナンスをしなくなってしまって、最初に作成した労力がムダになることが多いのです。

その点、手順書やチェックリストであれば、マニュアルの作成ほどは労力をかけずに作成できて、メンテナンスが簡易なので、効果があります。

手順書、チェックリストは、

◎チェックリストがあるのと、ないのとでは…◎

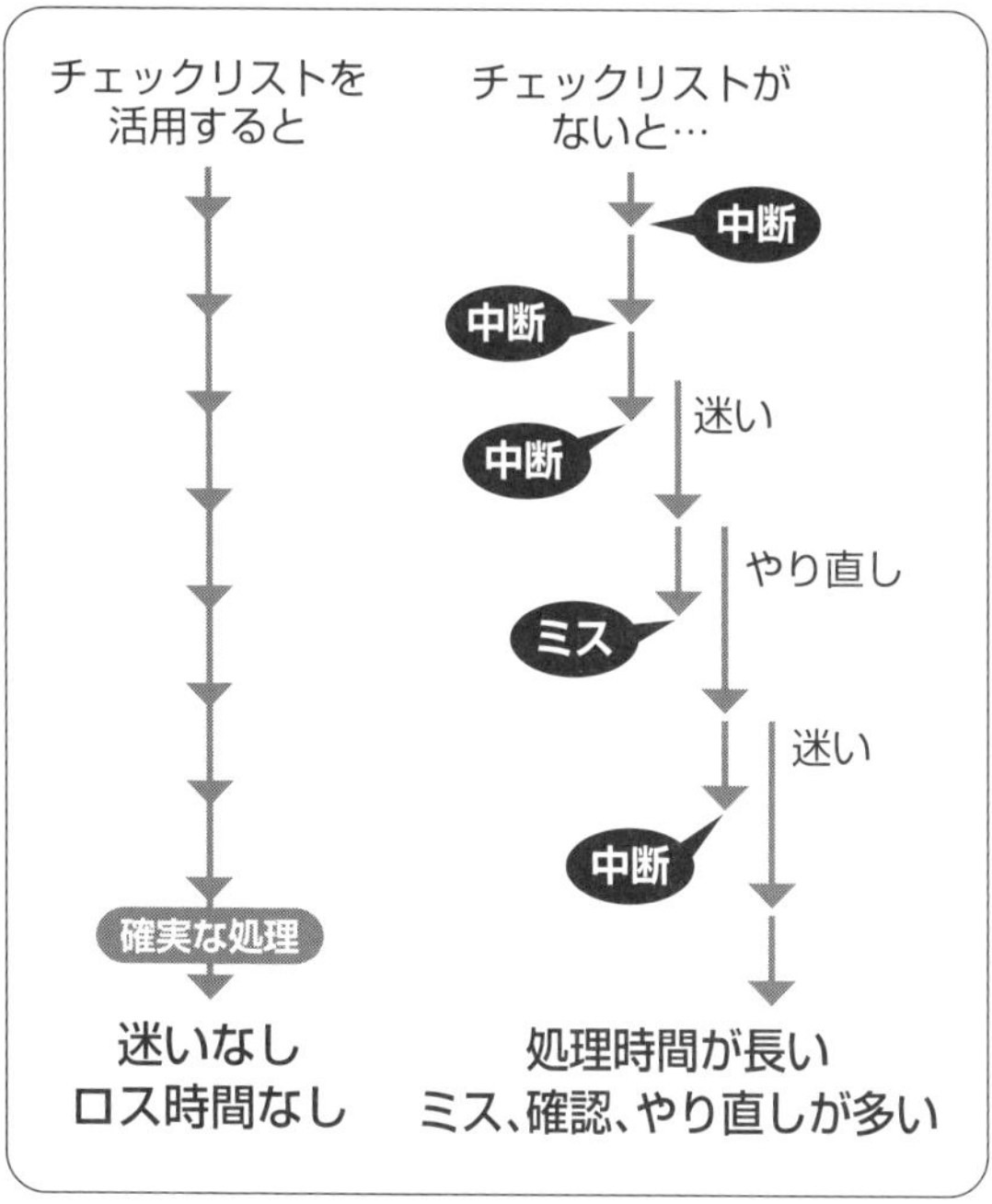

業務を迷うことなくミスなく進めることができるようになる案内板のような役割なので、覚えておかなければならない注意事項なども記録することで、安心して「考える」ことだけができるようになり、全体的な業務効率が上がることが見込まれます。

手順書やチェックリストを社内で作成したときには、その後のメンテナンス担当者を決めて、改善ポイントがあれば随時メンテナンスをしていくことがポイントです。

それぞれの従業員が経験したことや知識は、ナレッジとして情報共有することで、別の従業員がそこから自ら考えて仕事に活かすことができるので、情報共有による効果が期待できます。つまり、あくまでも知識として探してインプットできるしくみでよいものです。

しかし、ノウハウといわれるものは、基本的な知識や情報でもあり、社内で蓄積された知恵のような位置づけだと考えられます。したがって「探して活かす」というものではなく、その業務をしているときに、その知恵を「確実にインプットできるしくみ」が必要です。

この場合のしくみとしては、業務遂行時に活用するツールに組み込むことが最も効果的なことから、手順書やチェックリストへ反映することがよいでしょう。定型的な業務でない場合も、検討ポイントをまとめたチェックリストやワークシートをパターン化するなどの方法で最低限必要な思考の幅を浸透させることなども可能になるでしょう。

業務効率の向上を考えるにあたり、個人の能力だけに依存せず、実力を発揮することをサポートできる機能も準備することができるので、ぜひ検討してみてください。

5章

「長時間労働」対策のために社内制度設計の見直しを

この章のキーワード

【特定社会保険労務士◎佐藤広一】

5-1 残業は「事前申請・許可制度」にもとづいて許可する

べらんめえ社長「法律を使って残業時間を減らすってことはわかったけどよ〜、それでもちっとも残業が減らないんだよな〜」

ソリュー先生「法律に準拠した制度を導入することは効果的ですが、それを生かすも殺すも日頃のマネジメント次第ですからね」

社長「なんか目に見えて、すぐに取り組める制度ってえのはないのかい？」

先生「ちょっとした仕掛けで効果が高まることもあります。効果が見込まれる社内制度がいくつかあるので紹介していきます。取り組みやすいものを選択してみてくださいね。まずは、時間外労働を行なう際の『事前申請・許可制度』からです」

なぜ社内制度設計の見直しが必要なのか

労働基準法には、変形労働時間制やみなし労働時間制などの労働時間を弾力的に運用する制度が設けられていますが、そうした制度を導入したからといって、時間外労働が飛躍的に削減されるものではありません。

目に見える効果を発揮するためには、労働時間法制と相まって、**社内に帰りやすい雰囲気、長時間労働を是正する機運などを醸成**し、企業風土として定着させていく必要があります。

そのためには、労働法としてのアプローチのほかに、労働時間の削減に向けた社内制度の設計が必要です。いわば、仕掛けが求められるのです。

結局のところ、労働時間を削減するのは人であり、制度とともに社員一人ひとりが労働時間を削減する意識をもって日々の業務に取り組むことが求められるわけです。自分一人くらいはいいだろう？　と考える人がいると、それはすぐさま他の社員へ伝播し、組織全体にモラルハザードを引き起こします。

制度を導入する際には必ず、その**目的を社員に周知しておく**ことが必須です。制度は立派でも、何のために導入するのかを社員が理解していなければモチベートされず、推進力が落ちていきます。

これからいくつかの時間外労働削減に向けた制度を紹介していきますが、制度を導入することが目的ではなく、労働時間を削減することが目的であることを忘れずに取り組んでみてください。

労働時間の定義について再認識しておこう

最高裁の判例によれば、労働時間の定義について、「労基法上の労働時間に該当するか否かは、労働者の行為が使用者の指揮命令下に置かれたものと評価することができるか否かにより客観的に定まるものであり、労働契約、就業規則、労働協約等の定めのいかんにより決定されるべきものではない」(三菱重工業長崎造船所事件／最高裁／平成12年3月9日判決）としています。

つまり、労働時間は「**使用者による指揮命令下に置かれた時間**」であり、指揮命令の有無が労働時間か否かを分ける分水嶺であるわけです。

しかし、指揮命令の有無を判断することは、そう簡単なものではありません。それは、指揮命令には、「**明示的指揮命令**」**と**「**黙示的指揮命令**」**が混在している**からです。

「今日は残業して、この仕事を完了させてください」というように、上司からの指揮命令が明らかである場合には、明示的に指揮命令が行なわれたこととなり、労働時間と解することは比較的容易です。

しかし、上司が明示的に時間外労働を命じていない状況下で、従業員が居残って仕事を続けている場合は、上司がそれを黙認していたと認められることになります。そして、それは黙示的な指揮命令があったものとみなされ、労働時間であると解されてしまいます。

つまり上司は、居残っている部下がいたならば、仕事を終わらせて速やかに帰宅するよう指示していなければならず、これを怠った場合には「指揮命令を行なっていないのに従業員が勝手に居残っていたに過ぎない」という使用者側の主張は通らないのです。

時間外労働には「事前申請・許可制度」の導入を

この問題を解決するためには、「事前申請・許可制度」の導入を検討する必要があります。

すなわち、どうしても時間外労働で対応せざるを得ない案件がある場合は、終業時刻に達する前に従業員が上司にその旨を申請し、上司は当該業務の内容、業務量、進捗状況、納期等を勘案のうえ、時間外労働の必要性を判断し、必要があると判断した場合には、上司の側から改めて時間外労働命令を発するというものです。

時間外労働命令の発信源はあくまでも上司側にあり、労働者には「残業権」という権利はないのです。

この事前申請・許可制度のポイントとなるのは、**上司による部下のマネジメント能力**です。日ごろから部下の働きぶりに関心をもち、仕事の進め方やステイタス管理を行なっていることが前提となります。

部下の業務内容、進捗を掌握していなければ、たとえば部下が2時間分の時間外労働を申請してきたとしても、その業務が2時間で終わるのかを判断することはできません。2時間分の時間外労働を認めるのか、1時間もあれば終わる業務なのか、あるいはそもそもその業務は必ず本日中に終わらせなければならない業務なのかを判断し、時間外労働命令を発するか否かを判断することが求められているのです。

いつまでに申請させるのか

また、**申請を行なう時刻**も決めておかなければ、大きなマネジメントの負荷がかかる上司は、余裕をもった指揮命令を行なうことはできません。たとえば、終業時刻が18時である場合には、17時までに申請を行なうことをルール化することが考えられます。1時間前に申請させることで、判断する時間を確保するわけです。

しかし、それでも毎日のことですから、上司が外出しているような場合などオペレーションが困難になることがあります。

その対策としては、あまり無理をせず30分や1時間の時間外労働は事前申請を免除して時間外労働として認め、時間外労働が30分ないし1時間を超過する場合に、事前申請を行なわせることなどが考えられます。たとえば、時間外労働は19時までと時刻で区切り、それを超過する場合には事前申請を行なうこと、というルールのもとで運用するものです。

事前申請・許可制度は、毎日のマネジメントのことですから、マネジャー層に負担をかけす

◎時間外労働等に関する「事前申請許可書」のモデル例◎

時間外・休日・深夜労働申請許可表

所属		氏名		対象期間	令和　年　月　日～令和　年　月　日

日付（曜日）	区分	超過勤務となる理由と業務内容	残業予定時間数	申請印	上長許可印		実際の残業時間	時間数
					事前	事後		
月　日（　）	時間外・休日・深夜						～	
月　日（　）	時間外・休日・深夜						～	
月　日（　）	時間外・休日・深夜						～	
月　日（　）	時間外・休日・深夜						～	
月　日（　）	時間外・休日・深夜						～	
月　日（　）	時間外・休日・深夜						～	
月　日（　）	時間外・休日・深夜						～	
月　日（　）	時間外・休日・深夜						～	
月　日（　）	時間外・休日・深夜						～	
月　日（　）	時間外・休日・深夜						～	
月　日（　）	時間外・休日・深夜						～	
月　日（　）	時間外・休日・深夜						～	
月　日（　）	時間外・休日・深夜						～	
月　日（　）	時間外・休日・深夜						～	
月　日（　）	時間外・休日・深夜						～	
月　日（　）	時間外・休日・深夜						～	
月　日（　）	時間外・休日・深夜						～	
月　日（　）	時間外・休日・深夜						～	
月　日（　）	時間外・休日・深夜						～	
月　日（　）	時間外・休日・深夜						～	

今月の時間外、休日勤務及び深夜勤務時間の累計は、
上記の内容で間違いありません。

令和　年　月　日　氏名

期間集計		
	時間外残業	
	深夜残業(22:00~)	
	休日労働	
	休日深夜(22:00~)	

ぎると機能不全となります。導入した制度は継続することが大切ですから、無理のない運用とすることが必要でしょう。

さらに付言すると、上司に申請する際に用いるフォーマットにも工夫が必要です。一日一葉の申請書だと膨大な量となり、誤記や紛失を招き管理が行き届かなくなることがあります。申請書は1か月（一賃金計算期間）についてA４一枚で済む書式にするとよいでしょう（前ページのモデル例を参照）。

なお、後になって「実は申請書に記載した時間よりも、もっと時間外労働をしていた」と主張してくる従業員への対応としては、申請書のなかに「今月の時間外勤務、休日勤務及び深夜勤務時間の累計は、上記の内容で間違いありません。」という一文を入れておき、本人から毎月サインをもらうことで労働債権を確定させていくことも一考でしょう。

裁判例ではどのように判断されているか

こうした事前申請・許可制度が有効視された裁判例があります（ヒロセ電機事件／東京地裁／平成25年5月22日判決）。

この事件は、被告会社を自主退職した原告が、被告会社に対して残業代および同額の付加金を請求した事件であり、時間外労働時間数の認定について、被告会社が時間外労働の管理方法として採用していた「時間外勤務命令書」と、原告が主張する「入退館記録」（建物の入口に機械が備えられており、入退館時に打刻することが義務づけられていた）のいずれにもとづくべきかが争われたものです。

裁判所は、次のように述べて、「時間外勤務命令書」にもとづいて労働時間数を認定すべきとし、原告の請求をすべて棄却しています。

①就業規則上、時間外勤務は所属長が命じた場合に限り、所属長が命じていない時間外勤務は認めないことが規定されている。

②実際の運用として、ⅰ夕方、従業員に時間外勤務命令書を回覧し、時間外勤務の希望時間・業務内容を記入させて本人の希望を確認し、所属長が内容を確認して必要であれば時間を修正したうえで従業員に時間外勤務命令を出す、ⅱ従業員は、勤務終了後、時間外勤務命令書の「実時間」欄に記入する、ⅲ所属長は、翌朝、「実時間」欄の時間を確認し、必要に応じて本人に事情を確認し、本人了解のもとで時間外労働時間数を確定させ、本人が「本人確認印」欄に押印する、ということが行なわれていた。

したがって、時間外労働時間の認定は、時間外勤務命令書によるべきである。

③「入退館記録」の入館時刻から退館時刻までの間、原告が事業場にいたことは認められるところ、一般論としては、労働者が事業場にいる時間は、特段の事情がない限り、労働に従事していたと推認すべきと考えられる。

しかしながら、②のとおりの運用によって時間外労働が把握されていたことが認められ、「虚偽の報告を余儀なくされていた」という原告の主張を認めるに足りる証拠もない。
また、業務時間外の会社設備利用（パソコンなど）も認められており、事業場にいたからといって、必ずしも業務に従事しているとは限らない。
したがって、入退館記録に打刻された時間に関して、労働時間と推認することができない「特段の事情」がある。

この判例では、事前申請許可書を「時間外勤務命令書」という名称で使用していましたが、考え方は同じです。

「時間外勤務命令書」が就業規則に明確に規定され、運用もルールどおりキチンと実践されていたことが評価されています。**規定と運用の両方が整備、運用されている**ことが、きわめて重要だといえるでしょう。

5-2 「帰宅声掛け」を励行し、定時に「消灯」する

ソリュー先生「社長、次は、帰宅声掛けや消灯の徹底です」

べらんめえ社長「なんか当たり前のような気がするけど…。でも、たしかに明確にはやっていないね」

先生「これも、制度化してキチンと行なうことがポイントです」

帰宅時刻以降の残業は原則として認めない！

労働時間は「使用者による指揮命令下に置かれた時間」であり、使用者から明示的な残業命令がなかったとしても、業務終了命令を発していなければ、使用者から黙示的な残業命令があったものとみなされてしまうことは前述のとおりです。

労働者のなかには、時間外労働は労働者の権利だと誤解している人もいます。しかし、労働者には「残業権」というものは与えられてはおらず、時間外労働はあくまでも使用者による指

◎「業務終了のお知らせメール」のモデル例◎

社員の皆さんへ

既知のとおり、当社の時間外労働の上限時刻は20時となっています。間もなく20時になります。業務終了の準備を始め、20時には必ず帰宅するようにしてください。これは業務命令ですので遵守の徹底をお願いいたします。

代表取締役　○○○○

人事部長　○○○○

揮命令があって初めて生ずるものなのです。

労働者が勝手に居残って時間外労働をしている場合には、上司は口酸っぱく帰宅を促さなければなりません。そのためには、上司は夕刻にはいつも在社していなくてはならず、外出ができなくなってしまいます。また、上司が在社していたとしても、口頭による帰宅命令は「言った、言わない」の水掛け論に陥る場合もあるので避けたいものです。

その対策としては、全社的あるいは特定の部署ごとに時間外労働の上限、すなわち**帰宅時刻をあらかじめ決めておく**ことが考えられます。

たとえば、「管理部門の時間外労働は20時まで」と決めておき、20時になったらオフィスを消灯する、ドアを施錠するなど、帰宅を促す措置を講じていきます。この場合でも、明示的に帰宅を促したことを疎明するログを残しておく必要がありますから、消灯や施錠した者、時間、場所を管理簿に記録しておくとよいでしょう。

また、全社的に帰宅時刻を決めることができるのであれば、人事部の主導で社員全員に対し、前ページにあげたような「業務終了のお知らせメール」を配信することも考えられます。

帰宅時刻を20時に設定している場合は、その30分前にメール配信します。そうすれば、帰宅を促すアナウンスがログとして残り、黙示的な指揮命令であるとみなされることを回避することができます。つまり、黙示を明示に代えていくことを愚直に検討していく必要があるわけです。

5-3 明確に「残業禁止命令」を発する

ソリュー先生「残業を事前申請・許可制にする一方で、残業の禁止命令を発することも効果がありますね。ただし、その際の留意点はありますが」

べらんめえ社長「なるほど、それはぜひ知りたいね」

残業禁止＋在社禁止がベスト

会社として、事前申請・許可制度や帰宅の声掛けなど、長時間労働削減に向けて取り組んでいるにもかかわらず、それに意を介さずルールを無視する人、業務上のミスの手戻りのために時間外労働を繰り返す人、あるいは労働生産性をまったく考えず恒常的にダラダラ残業を続ける人などは、時間外労働をさせても実りある成果を期待することはできません。このような人に対しては、時間外労働の一切を禁じることを検討する場合も生じます。

労働者が自主的に時間外労働を行なった場合であっても、使用者が時間外勤務を禁ずるなど厳格な管理を行なっていた場合には「労働時間性が否定される場合もある」と示された判例があります。すなわち、「残業を禁止する旨の業務命令を発し、残務がある場合には役職者に引き継ぐことを命じ、この命令を徹底していた」場合には、時間外労働を行なったとしても使用者の指揮命令下にある労働時間とはいえないと判断しているのです（神代学園ミューズ音楽院事件／東京高裁／平成17年3月30日判決）。

これは、**労務提供することは労働者の義務であり、権利ではない**ことを明確に言い表わしています。つまり、労働者には労務提供義務は課せられているものの、就労請求権は存在しえず、そのため、使用者が労働者に対して残業禁止を命じることは、これを無視して就労を続けたとしても指揮命令下に置かれた時間ではないと解されるのです。

ただし、本判例が示しているように、単に残業を禁止するだけでは足りず、残務がある場合は役職者が引き継ぐことになっていたことが評価されており、形式的に残業を禁止したとしてもその効力は及ばないことに留意する必要があります。

また、時間外労働を禁止しても、意味もなく社内に留まり、電話の問い合わせに対応したり、メール返信するようになるなど業務遂行性を帯びてくることも考えられます。残業禁止命令と相まって**在社そのものを禁止**し、帰宅を促すことも検討しておくべきでしょう。

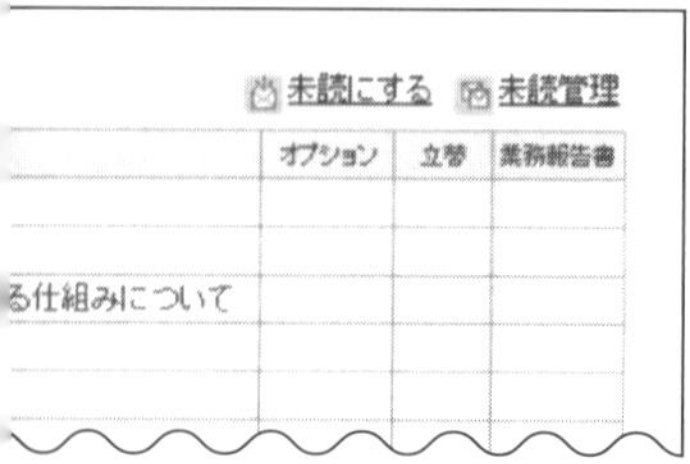

5-4 業務報告書（日報）によって管理する

ソリュー先生「社長の会社でも、社員に業務報告書を書かせて、提出させてますよね」

べらんめえ社長「もちろんだよ。いわゆる日報として毎日、書かせているね」

ソリュー先生「でもそれは、まさしく業務内容を報告するもので、労働時間の管理には役立たないものでしょう。ここで紹介したいのは、労働時間管理に使ってもらうための業務報告書です」

時間の経過に応じた詳細な業務報告書に見直す

時間外労働を削減するためには、残業時間だけを切り取って減らすことはできません。時間外労働はあくまでも所定労働時間の延長線上にあるもので、所定労働時間の密度が薄ければ残業時間は自ずと増加していきます。

◎労働時間管理に役立つ「業務報告書」のモデル例◎

2016年04月15日(金)　◀前日　翌日▶　今日　提出済み　承認する

時間	工数	内容(顧客、業務分類、タイトル、メモ)
09:10〜09:30	00:20	手続業務(顧問)／社保上の報酬にあたるか。
09:30〜09:45	00:15	株式会社[redacted]／給与計算／[redacted]の使い方について、山田さんと電話。
09:45〜09:55	00:10	株式会社[redacted]／手続業務(顧問)／新入社員について、強制的に帰
09:55〜10:00	00:05	株式会社[redacted]／給与計算／WEBアップ
10:00〜10:10	00:10	ミーティング

昨今では、**「ワークライフバランス」**（ＷＬＢ）が声高に叫ばれています。仕事と生活の調和を図り、国民一人ひとりが意欲をもって働きながら、豊かさを実感して暮らせるようにすることが求められています。

しかし、このＷＬＢが曲解されているように感じます。ＷＬＢは、適当に仕事を切り上げて生活の時間にあてましょう、というものではありません。仕事の成果はそのままに、可能な限り時間外労働をしないで帰宅し、豊かな生活を送ることがＷＬＢの目的なのです。つまり、**労働生産性を高めることが前提**とされているわけです。

そのためには、日中の所定労働時間から仕事密度を高め、生産性を上げていく意識をもつことが必要です。そこで、着目したいのが**「業務報告書（日報）」**です。

日々遂行した業務の内容について業務報告書（日報）を提出することで、上司に報告を行なっている企業も多いと思います。多くの場合は、営業マンが顧客先を訪問した際の議事にもとづく内容や巡回した客先の履歴、作業内容、作業量について上司に報告する仕様になっています。

しかし、ここでいう業務報告書は、**その日の時間帯ごとに実際に遂行した業務やタスクを細かく書き入れていくもの**です。どの時間帯に何をしていたか、またどのくらいの時間を要したのかを明らかにすることで、その日の仕事密度を把握することができ、また工数管理にも役立ちます。

筆者の事務所でも、この取り組みをパートを含めすべての職員に義務づけ、毎日、その日の業務内容を報告してもらっています。当初は、いちいち記入するのは面倒、という声もありましたが、習慣となればそれが当たり前となります。

さらに、業務報告書の最後には、その日の出来事について所感を書き入れてもらい、それに上司が返信することで、日々、上司と部下の間でコミュニケーションを図ることもできます。

常日頃からコミュニケーションが取れている文化は、長時間労働対策だけでなく、労務トラブルの防止にも寄与するのです。

5-5 「ノー残業デー」の実施と会議の見直し

ソリュー先生「ノー残業デーを設ける企業も増えましたね。これも有効な方法です」

べらんめえ社長「うちでも検討したいね」

先生「それと、ムダな会議を減らしていくことも必要ですよ」

社長「それは、賛成だね」

「ノー残業デー」を効果的に行なうには

「ノー残業デー」とは、会社全体、あるいは部署ごとに、その日は時間外労働をせず、所定の終業時刻で帰宅する日を設定することです。ノー残業デーを設定することで、生産計画・業務計画など計画的な仕事の進め方の習慣づけができることが期待できます。主に水曜日をノー残業デーとしている企業が多く見受けられます。

ノー残業デーの目的は、終業時刻で仕事を切り上げて**労働者本人が自由な時間を確保するこ**

とに加えて、**仕事の進め方を考える契機とする**ことや、ステイタス管理の推進を通じて**労働生産性を高める**ことにあります。場当たり的に仕事を進めていては、「ノー残業デー」を設けても、労働時間の削減を実現することはできないわけです。

また、業務の内容等から一斉にノー残業デーを実施することが困難である企業もあります。そのような場合には、部署ごとに曜日を変えるなどの方法が考えられ、一部には、労働者個人ごとに設定している企業も見受けられます。

ノー残業デーを実施すると、「○曜日には早く帰れる」という期待感がやる気を後押しする効果も生まれます。ベテラン社員は、早く帰宅して家族と平日の夜に食事に出かけることができ、また、若手社員は、その日に有志が集まって勉強会や飲み会、サークル活動等に時間を使うことができます。

その一方で、「結局、自宅に仕事を持ち帰っている」「早く帰ると仕事が溜まるので迷惑だ」「ほかの日にしわ寄せがいくだけ」などと、ノー残業デーを歓迎しない意見も少なくありません。

ノー残業デーを設定することで、時間外労働を削減し、そこで得られる「生産性向上」「労働時間短縮」「利益率の向上」が、社員にとってもメリットのあることだと示すことが大切であり、それは、賞与などによって利益還元されるべきでしょう。

社員は、自らに対してインセンティブを感じなければ動きません。ノー残業デーを形骸化させないためには、それを実施することで**社員に何を還元できるかを示す**ことが持続可能なものとするための原動力となるといえるでしょう。

会議の開催、やり方を見直す

わが国の労働生産性が低い理由の一つとして、会議が多すぎる、目的が不明確なまま開催されている、論点が定まっていないなどの「ムダな会議」が指摘されています。

特に定例会議は、定期的に開催することが決まっている会議であるため、開催すること自体が目的化されている場合があります。また、議事進行役がファシリテーション能力に欠けていると、議論があちこちに飛んで収拾がつかなくなります。

会議を行なう際には、目的とゴールを示し、ブレーンストーミングを用いて発散思考とするのか、たくさんの意見を集約しまとめる収束思考で議論を進めるのかを明確にして、議題がブレることなく決まった時間内で終了できるよう見直す必要があります。

ミーティングポリシーを作成し、会議室に掲示しておき、会議を始める前に参加者全員で読み合わせするなどして確認すると、議題と時間をリンクさせることができて有効だといえます。

参考までに筆者の事務所のミーティングポリシーを次ページに掲載しておきます。

◎「ミーティングポリシー」のモデル例◎

参加者	◎	必要最低限の主体者が原則、傍観者は不要である
資　料	◎	ミーティング前に「当日のアジェンダ、前回議事録」を共有する
時　間	◎	開始時刻に全員着席。タイムキーパーが時間管理。５分前終了をめざす
進め方	◎	会議の議長と書記を明確にする
	◎	書記は議事録を必ず取り、ミーティング終了後、共有フォルダに格納する
	◎	発散は「量」、収束は「質」にこだわる
	◎	「誰が、何を、いつまでに、どのレベルで」を明確にする
	◎	終了時に議長が「決定事項」を口頭共有する
設　備	◎	机、椅子、ホワイトボード、エアコン等を原状回復させて終了する

5-6 産業医面談、トップ面談を活用する

べらんめえ社長「長時間労働については、役所から注意を促すパンフレットを送られてくることがあるけど、健康管理の面からも抑制していく必要があるよね」

ソリュー先生「もちろんですね。時間外労働の1か月あたり時間数に応じて医師等の面談を受けなければならないこともありますよ」

会社独自の社長面談なども実施しよう

労働安全衛生法では、事業者は、労働者の週40時間を超える時間外労働が1か月あたり100時間を超え、かつ、疲労の蓄積が認められるときは、労働者の申し出を受けて、医師による面接指導を行なわなければならないことになっています。

また、時間外労働が1か月あたり80時間を超えた場合に疲労の蓄積が認められ、または健康上の不安を有している労働者からの申し出を受けた場合には、医師による面接指導を行なうよ

◎時間外労働時間数に応じた面接のしくみ◎

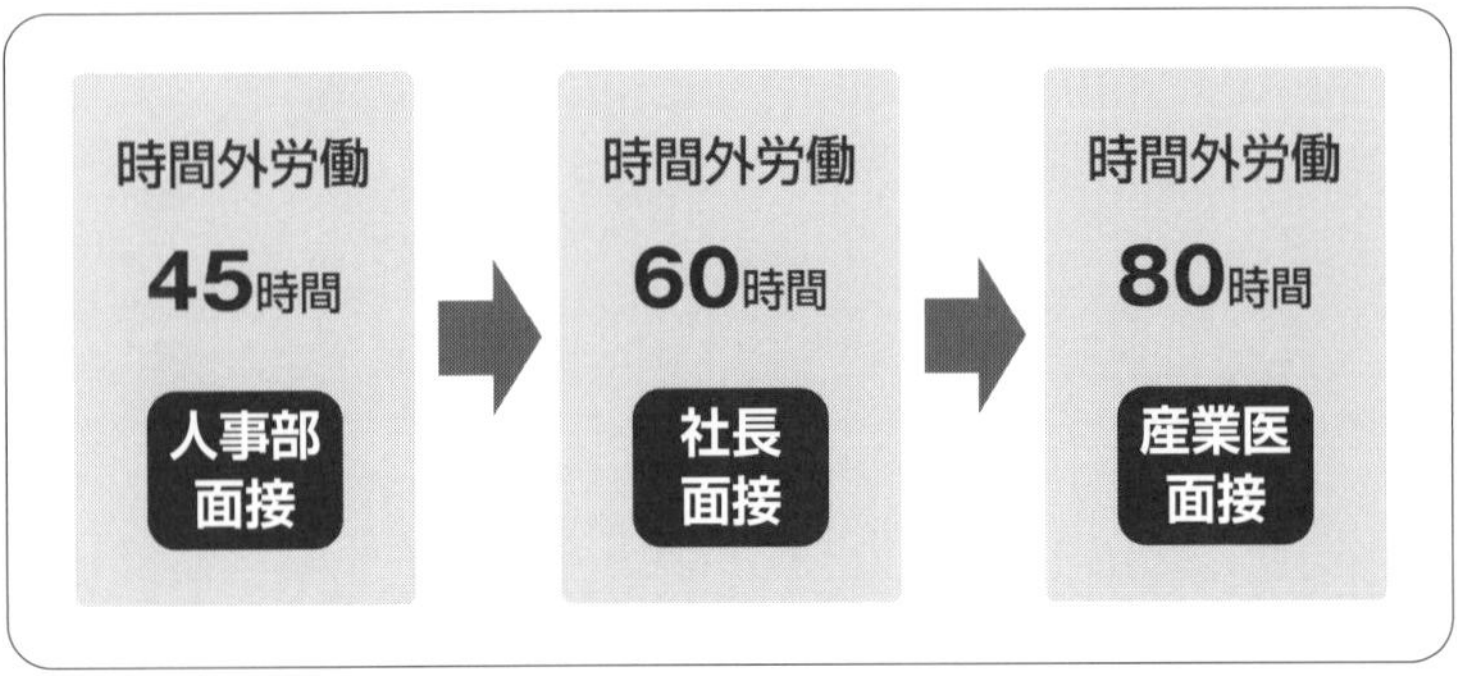

う努めなければならない、とされています（労働安全衛生法66条の8）。

これらは、長時間労働を抑制するための法律的規制ですが、1か月あたりの時間外労働が100時間ないしは80時間という高い水準に至る前に、企業が独自に「面談」の機会を設けることで、長時間労働を抑え込もうという動きもみられます。

ある会社では、1か月あたりの時間外労働が45時間に達した場合は、人事部が個別に面接を行ない、長時間労働に至った経緯や背景のほか、当該労働者の健康状態についてヒヤリングを行なっています。そして、1か月あたりの時間外労働が60時間に達した場合は、社長面接を実施し、さらに、80時間に達した場合には、産業医面接を行なっています。

ポイントは、本人からの申し出によらず、当該時間に達した場合には強制的に面接を実施することです。会社としては、企業に課せられている安全配慮義務を履行していることになりますし、労働者側からみても労働時間の削減に向けた動機づけにもなります。

また、社員のマインドとして、「人事部に呼び出されたくない」「社長から直接、長時間労働に対して苦言を呈されたくない」などといった消極的な心理が働くため、そうならないために、仕事の密度を上げて時短に取り組むようになり、思わぬ副産物がもたらされるケースもあります。

5-7 管理職・マネジャーの意識改革こそが決め手

べらんめえ社長「労働時間をなかなか減らせないのは、もちろん社員に問題があるんだけど、その上司にも責任があるんじゃないかと思うときがあるね」

ソリュー先生「おっしゃるとおりですね。社内制度を整えるのはもちろんのことですが、それに加えて、管理職やマネジャーの意識改革を行なっていくことも大切でしょうね」

管理職・マネジャーに対する教育研修の実施

労働時間の削減にあたっては、社員一人ひとりの意識を変えていくことが大切ですが、それを指揮して管理、運用していく管理職、マネジャー層への意識の醸成と浸透が求められます。

これまでみてきた社内制度の取り組みに加えて、管理職、マネジャー層に対する教育研修、人事評価制度・懲戒規定への紐づけも合わせて実施しなければ、大きな効果は得られません。

つまり、管理職・マネジャー層への意識改革が必要なのです。

労働時間を削減していくことは、法律的なインフラ整備を整えても、また社内の取り組みを制度化しても実現は難しいものです。それらは手段でありツールです。長時間労働の是正に取り組み、それをハンドリングしていくのは「人」です。とりわけ、管理職・マネジャーのマネジメントによるところが大きいのです。

この管理職・マネジャー層の人たちが、部下のマネジメントを、個人の感情のもとで恣意的に行なっていたとしたら、部下は上司によって言うことが異なる、日によって言うことが変わる、という状況に一貫性を見いだせず、不信感を募らせていきます。

会社としてタイムマネジメントに取り組んでいくためには、**一貫性が必要**となります。そのためには、管理職・マネジャー研修の実施が不可欠です。管理職・マネジャー研修には、労務管理やタイムマネジメントの要素が求められるのです。

ところが、各社の階層別研修をみてみると、多くはリーダーシップ研修とコミュニケーション研修に終始します。それはそれで当然必要なものですが、部下との関係性に関わる領域は、労働時間法制、ハラスメント、タイムマネジメントなど、**職場の労務管理にも及ぶ**はずです。

これまで紹介してきた労働時間法制、社内制度設計などについて定期的に研修を実施し、マネジャー層に気づきを与え、タイムマネジメントの理解を深めていくことが持続可能性のためにも必要なことなのです。

評価制度・表彰制度・懲戒制度との紐づけ

管理職が労働時間の削減状況に向けてキチンと取り組んでいるかどうかを計測するためには、人事評価制度や懲戒制度と紐づけることも必要でしょう。

タイムマネジメントに愚直に取り組み、自らの部署やチームの労働時間が削減できたとしても、何ら評価をしてもらえなければ、モチベーションを下げてしまいます。

労働時間を削減するというミッションは、一朝一夕に実現するものではなく、管理職やマネジャーが部下と向き合い、一人ひとりを丁寧に指導、管理することで初めて実現することができるもので、かつ、それを維持、持続させていくことは大変な労力を要します。

労働時間削減の目標を達成できた管理職やそのチームのメンバーには、高い評価を与えるとともに、表彰制度と紐づけ、社員総会などで表彰し、承認することも大切なことです。

目標を達成しても、目に見えるような承認を行なわず、未達に終わったときだけ叱責するような会社がとても多く見受けられます。労働時間の削減に関わらず、どんな場面でも目標を達成した場合は、**感謝の気持ちを込めて表彰し承認する**ことで、社員はモチベーションを高めるものなのです。

その一方で、タイムマネジメントにまったく関心を寄せず、これまでのやり方を変えようとしない管理職やマネジャーには、**一定の制裁措置**をとらなくてはなりません。

◎労働時間削減のための取り組みのモデル例◎

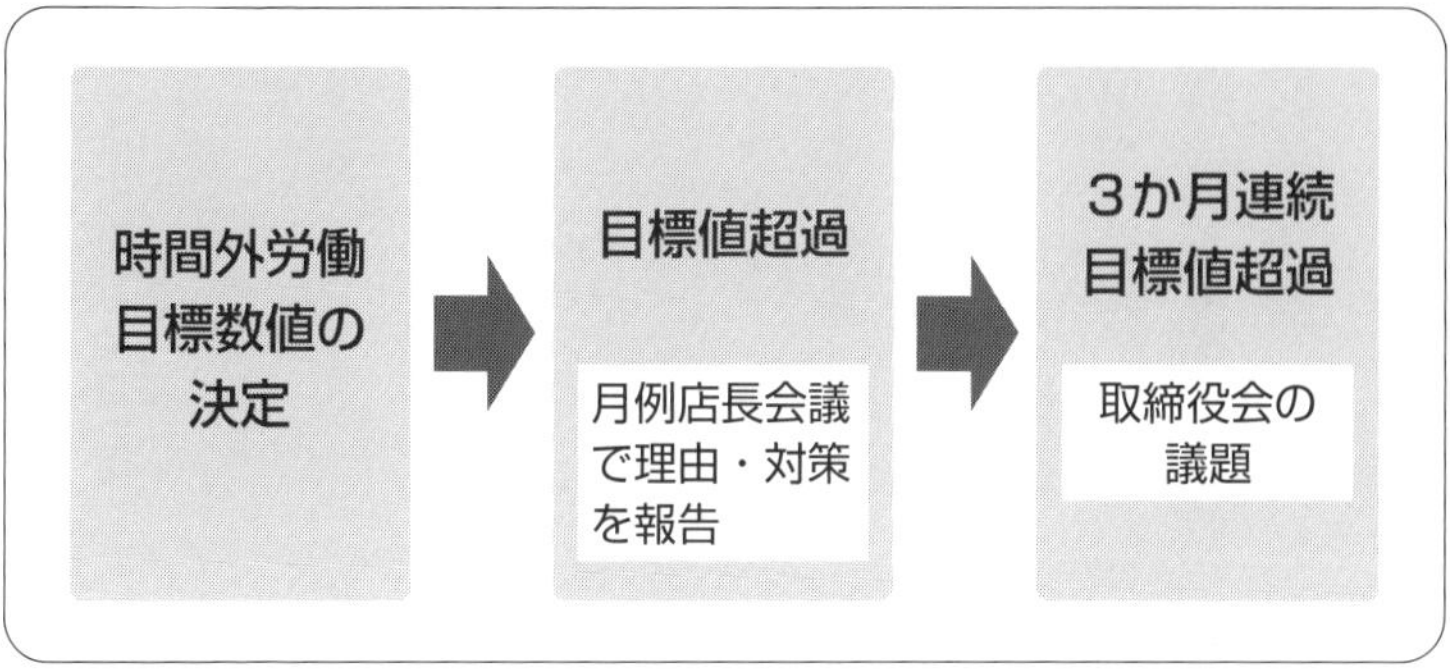

労働時間短縮への取り組みは、管理職、マネジャーのうち一人でもサボる人がいると、全体の士気にも影響しますし、意識的に取り組んでいる人だけが損をすることになるからです。これでは、労働時間の削減に至らないことは自明です。

意識的に取り組んでいるにも関わらず結果が出ないという管理職、マネジャーはともかくとして、変化を嫌い、指示命令に従わない管理職、マネジャーを看過するわけにはいきません。そうした上司には、部下はついていかないどころか、部下までもがモチベートされなくなって、組織停滞を招き、逆に労働生産性は下がる一方となります。

あるドラッグストアチェーンでは、店舗ごとに残業時間の目標数値を定め、その数値を超えた場合は、店長会議でその要因と対策について店長が発表しなければならない、という取り組みをしています。

そして、3か月連続で目標数値を超えてしまった場合には、取締役会の議題として取り上げ、長時間労働が是正されないのは店長のマネジメントに原因があるのか、リソースが不足しているのか、会社の考え方がパートタイマーにまで浸透していないのかなどについて、より多方面から精緻な要因分析を行ない、必要な対応を取るようにしています。

この取り組みにより、店長たちは労働時間に対する考え方が変わり、意識的なタイムマネジメントを通じて、それまで毎月平均80時間ほどあった時間外労働が20時間～30時間に抑えられるようになるなど成果を上げています。

6章

「定額残業代」の導入で “残業ゼロ” をめざそう

この章のキーワード

【弁護士◎田中純一郎】

6-1

「定額残業代」とはどんな制度か

べらんめえ社長　「先生！　うちは給料のなかに残業代が含まれているからさ、追加で残業代を支払う必要はないんだよ」

ソリュー先生　「定額残業代を採用しているということですね。そうすると、給料のどの部分のいくらが残業代にあたるのですか？　月何時間分の残業代が含まれているのですか？」

社長　「いや…、社員にはもともと『残業代は給料にコミコミだからな！』って言ってあるから…」

先生　「定額残業代が認められるためには、残業代見合いの部分がいくらで、何時間分にあたるのかがキチンと区別されて示されている必要があるんですよ。ちょっと面倒かもしれませんが、残業を減らすには有効な方法ですので、一緒にみていきましょう」

定額残業代のメリット・デメリット

「定額残業代」は、会社が給与の一部を毎月、定額で残業代（ここでは法定時間外労働に対する「割増賃金」をいいます）として支払う方法です。定額残業代は、法律で定められている制度ではありませんが、過去の裁判例により一定の条件のもとで認められています。

会社が定額残業代を導入するメリットとしては、次ページ図の4点があげられます。

基本的に、労働時間をベースにして賃金が支払われる日本では、個々の社員の能力の違いが反映されにくいといえます。つまり、同じ仕事を行なう場合、仕事が早く残業せずに仕事を終えた優秀な社員よりも、仕事が遅い、またはダラダラと残業して仕事を終えた社員のほうが残業代の分、高い給料をもらえる、という何とも不合理な状態が構造的に起こりうるのです。

そこで、定額残業代を導入すれば、少ない時間で仕事を終えればその社員の労働時間単価は上がるため、効率的に業務を行なおうという意識が働くようになり、残業時間の削減が期待できます（図の①）。また、優秀な社員の労働時間単価が相対的に上がれば、社員同士の不公平感の解消にもつながります（図の②）。

その月に余った定額残業代分を翌月に繰り越すことは原則としてできない（180ページ参照）とされているので、月の残業代の実額が定額残業代を下回る場合、会社はその差額分について給料を多く支払っていることになります。

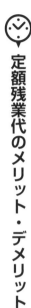

◎定額残業代を導入するメリット・デメリット◎

メリット

①ダラダラ残業が減り業務効率が上がる
②社員間の公平を確保することができる
③人件費の予測が立てやすくなる
④給与計算事務を簡略化することができる

デメリット

「月の残業代実額＜定額残業代」の場合、
差額分について給料を多く支払う結果になる

この点はデメリットともいえますが、一方で、定額部分の金額と時間数を会社の状況に応じてうまく設定すれば、人件費の総額をある程度予測することができ、経営計画が立てやすくなるというメリットがあります（図の③）。

その月の残業時間が定額部分として設定された時間数を超えない限り、毎月の残業代を計算する必要がなくなり、給与計算事務を簡略化することができます（図の④）。

6-2 定額残業代はこうすれば適法！

べらんめえ社長　「そうか、ヨッシャ！　じゃあ、いまの給料の半分を60時間分の残業代にしよう！」

ソリュー先生　「ちょっと待ってください！　そんな決め方をしたら無効どころか刑事罰を受けてしまいますよ。定額残業代が認められるには、いろいろな条件があるんです。順番に説明しますので、社長の会社にマッチする定額残業代を一緒に考えましょう」

定額残業代が認められるには条件がある！

「定額残業代」は、法律で定められているわけではなく、過去の裁判例の積み重ねにより、一定の条件（要件）のもとで認められている制度です。

その条件とは、大まかにいうと、次ページ図にあげたとおりです。

◎定額残業代が認められる条件（要件）◎

①定額残業代が法律上の割増賃金と同額または上回っていること
②定額残業代の時間数・金額が基本給と明確に区分され明らかにされていること
③就業規則や労働契約書に定額残業代が明示され合意されていること
④設定された時間数を超えた場合、超過分を別途支払うこと

べらんめえ社長のように、社員に宣言しただけではまったく意味をなしません。もし、元社員から未払い残業代の支払いを請求されたら、会社が定額残業代としていた部分まで割増賃金計算の基礎に含められ、膨大な金額を未払い残業代として支払わなければならなくなってしまいます。

裁判例では、定額残業代の適法性について、一定の「時間外労働に対する割増賃金を基本給に含める旨の合意がされたとしても、その基本給のうち**割増賃金に当たる部分が明確に区分されて合意がされ**、かつ**労基法所定の計算方法による額がその額を上回る**ときは、その**差額を当該賃金の支払期に支払う**ことが合意されている場合にのみ、その予定割増賃金分を当該月の割増賃金の一部または全部とすることができる」と判断されています（小里機材事件／東京地裁／昭和62年1月30日判決、上告審…最高裁／昭和63年7月14日判決）。

なお、たまに「残業代分は賞与で支払っている（から別途支払う必要はない）」という話を耳にすることがありますが、これは労基法24条2項のいう「毎月払いの原則」に違反して

◎主な賃金体系◎

月給制	完全月給制	月の賃金が固定されていて、欠勤による控除がないもの
	日給月給制	月の賃金が「1日単価×労働日数」で定められており、欠勤がある場合に控除がされるもの
年俸制	固定年俸制	年俸の総額が定められ、等分された金額が支払われるもの
	変動年俸制	固定年俸に加えて、業績に応じてインセンティブ報酬が支払われるもの
日給制		1日あたりの賃金が定められ、支払いが毎日されるもの
時給制		1時間あたりの賃金が定められ、支払われるもの

おり、無効です。

定額残業代のパターン

会社の賃金体系には、「月給制」「年俸制」「日給制」「時給制」が考えられます。一般的な完全月給制（月の賃金が固定されていて、欠勤による控除がない雇用形態）を前提にして話を進めると、定額残業代は、「**定額手当方式**」（残業代に相当するものを営業手当、職務手当といった特定の手当で支給する方法）と、「**定額給方式**」（基本給に含めて支払う方法）が考えられます（年俸制等、その他の賃金体系については後に説明します）。

①定額手当方式

定額手当方式を採用する場合、定額残業代と明記するほかに、営業手当、職務（役職）手当、専門職（資格）手当など、さまざまな名称がありえますが、前述のとおり、その手当が定額残業代として基本給と明確に区分され明らかにされていることが重要です。

この点について、ある手当（タクシー運転手の歩合給の一部）が割増賃金（残業代）にあたるかどうか争われた事件で裁判所は、「その手当が割増賃金の趣旨で支払われているか否かの判断は、契約書の記載内容のほか、諸般の事情を考慮して判断すべきであり、手当の名称、算定方法だけではなく賃金体系全体におけるその手当の位置づけ等にも留意して検討すべきである」としています（国際自動車事件（第二次上告審）／最高裁／令和2年3月30日判決）。この判決を踏まえると、手当の名称についても**「定額残業代」と明記するのが無難**といえるでしょう。

また、すでに何らかの手当が支払われており、これを定額残業代として設定する場合に、当該手当の

【定額残業代（定額手当方式）の就業規則規定例】

（○○手当）

第○条　○○手当は、○○に対して支払うものとし、一賃金計算期間において△△時間分の時間外割増賃金見合いの手当として支給する。

2　一賃金計算期間において時間外勤務が△△時間を超過した場合は、別途超過した分の時間外割増賃金を支給する。

◎定額手当方式のイメージ図◎

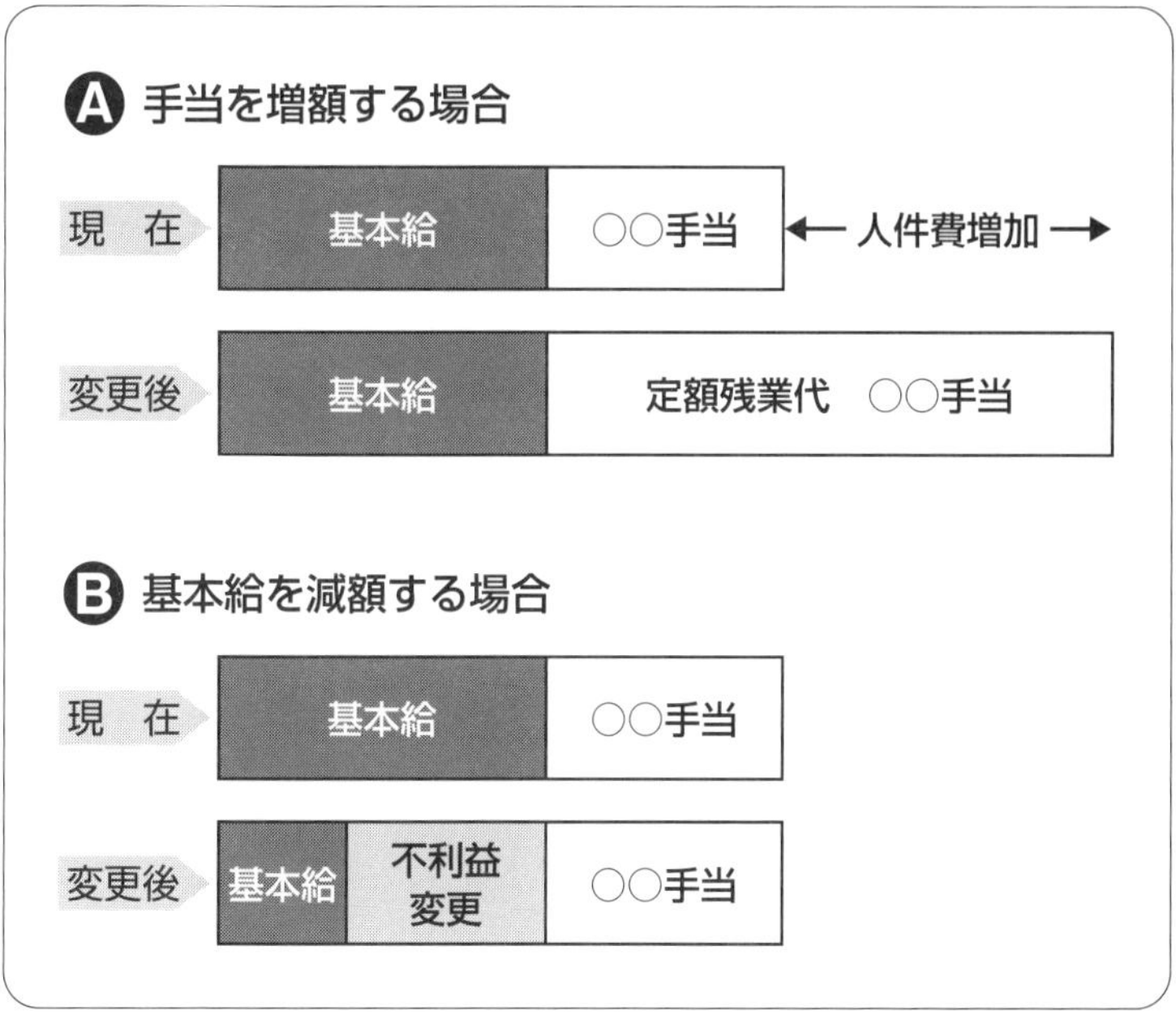

金額では設定しようとする時間数に満たないケースが問題となります（図のⒶ）。この場合に設定時間数を満たそうとすると、当該手当の額を増加する必要が生じてしまい、全体では人件費の大幅な増加をもたらす可能性があります。

そこで、人件費の増加を抑えるためには基本給を下げる（図のⒷ）ことになりますが、その場合には基本給の減額について、法律が求める「**不利益変更**」の手続きを行なう必要があります。

労働条件の**不利益変更**については、労働契約法8条から10条に規定されており、**社員の個別の同意を得ることなく、労働条件を変更**

することはできません。また、就業規則の変更で労働条件を変更する場合は、以下のような**就業規則変更に関する事情に照らして合理性が判断されます。**

●労働者の受ける不利益の程度
●労働条件の変更の必要性
●変更後の就業規則の内容の相当性
●労働組合等との交渉の状況

この規定によると、定額残業代を盛り込みつつ、賃金の増額を抑えるために基本給を減額することには、合理性がないと判断される可能性もあります。したがって、前ページ図の**Ⓑ**の方法による場合は、従業員にキチンと説明するとともに、個別に同意書を取り交わすのがよいでしょう。同意書のモデル例は次ページのとおりです。

②定額給方式

定額給方式の場合、残業代の基礎となる基本給部分と定額残業代の部分を明確に分けるとともに、定額残業代部分の金額と時間数を明示する必要があります。
また、賃金総額が変動するたびに基本給部分と定額残業代部分を計算し直して社員に明示する必要があります。

定額給方式を新たに採用する場合に、不利益変更の手続きが必要であることは、定額手当方式の場合と同様です。

◎「賃金に関する確認書」のモデル例◎

賃金に関する確認書

1　本日現在、貴殿の月額賃金の支給総額は○○○○円であるところ、その内訳は以下のとおりです。

基本給	○○○○円
○○手当	○○○円
支給総額	○○○○円

2　上記○○手当は、月△△時間分の時間外割増賃金見合いの手当として支給します。

3　時間外勤務が△△時間を超過した場合は、超過した分の時間外割増賃金を追加の残業代として別途支給します。

上記内容を確認し、同意いたします。

令和○年○月○日

株式会社○○○

（部署・役職）　○○　○○　　印

◎定額給方式のイメージ図◎

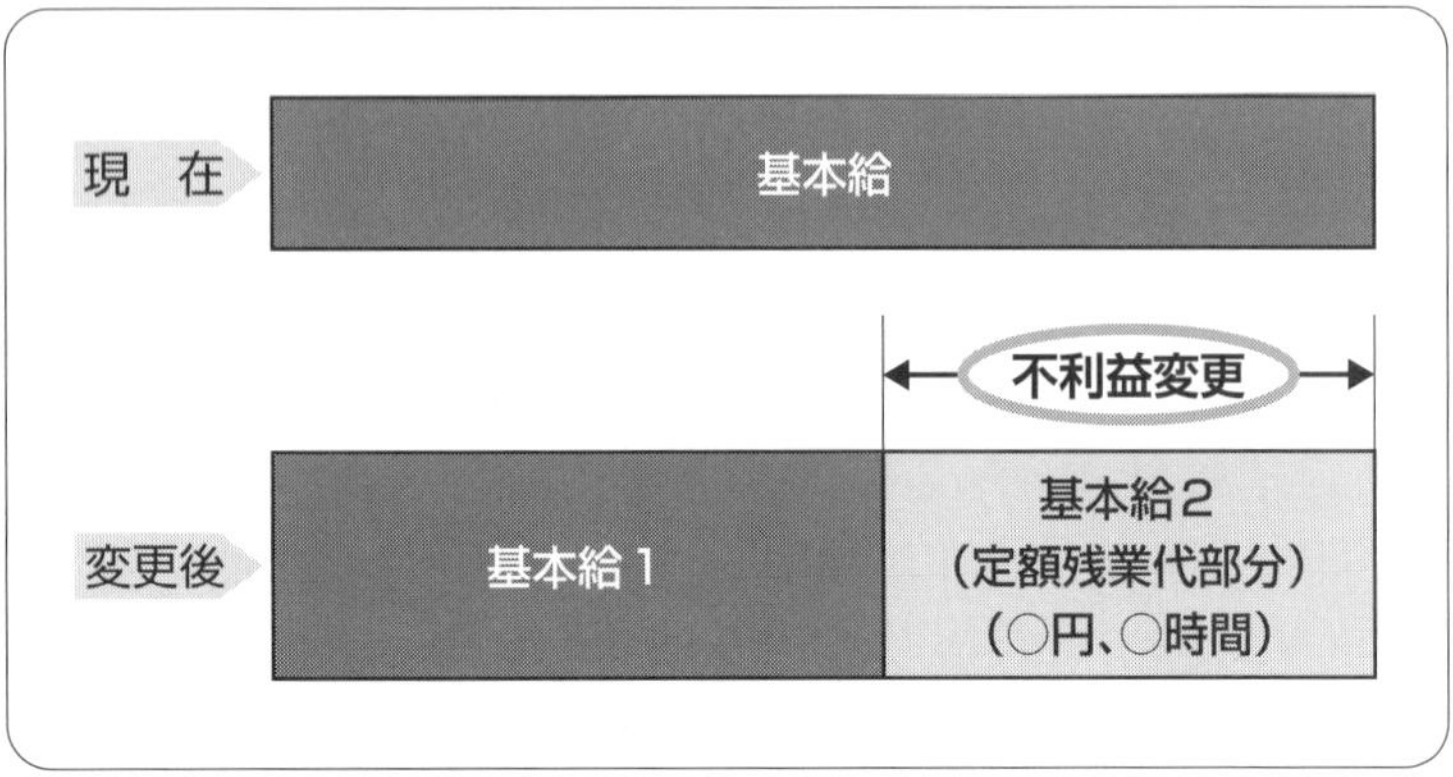

会社によっては、いくつもの手当を設定している場合もあると思いますが、これらの諸手当も「除外賃金」（189ページ図を参照）を除き、**残業代計算の基礎に含める必要**があります。諸手当が多いと、給与計算が煩雑になってしまうので、定額残業代の導入を機に、賃金体系を見直して、よりシンプルな形にするほうがよいでしょう。

さらに、本書の趣旨とは離れますが、やむを得ず定額残業代の時間数を増やすときに、定額給方式の場合だと不利益変更の問題が生じてしまいます。

たとえば、月20時間分の定額残業代を月25時間分に変更する場合、定額手当方式なら単に手当を増額すればよいのですが、定額給方式の場合には、基本給全体を増やさない限り、残業代計算の基礎となる基本給（次ページ図の「基本給1」）が減ってしまうので、不利益変更の手続きをとる必要が生じるのです。

資格等級制度を採用している会社で定額給方式を採

◎残業時間を増やす場合の相違点◎

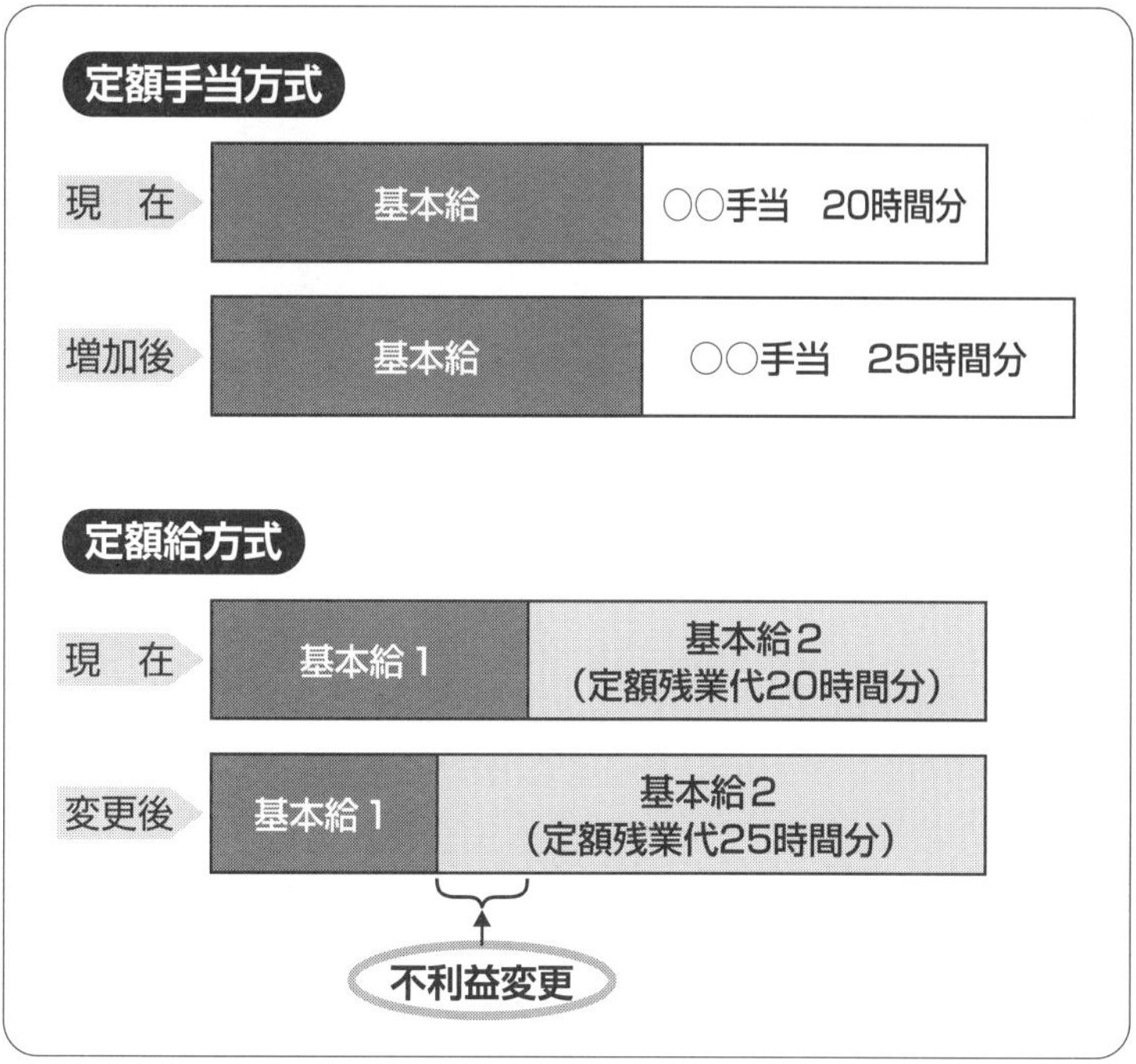

用する場合は、賃金テーブルを細分化して、等級、号俸ごとに、「支給総額、基本給1、基本給2（定額残業代）」などと示すとともに、「定額残業代は、月○時間分の時間外割増賃金を含む」と注記しておく必要があります。また、前述のとおり、諸手当を残業代計算の基礎に含めなければなりません。

　このように、定額給方式は、後に説明する固定年俸制等、給与体系がシンプルで、かつ、月々の残業時間数があまり変動しないケースに向いているといえるので、これから定額残業代を導入する場合は、**定額手当方式を採用するほうが合理的**といえるでしょう。

定額残業代の繰り越しは認められるか

本章の冒頭で、その月に余った定額残業代分を翌月に繰り越すことはできないと説明しましたが、定額残業代繰り越し規定の存在を前提とした裁判例があります（ＳＦコーポレーション事件／東京地裁／平成21年3月27日判決）。

本件は、元従業員が会社に対し未払残業代等の支払いを請求したところ、管理手当が時間外割増賃金の内払いとして認められるとして、元従業員の請求が棄却された事案です。

この判決のなかで裁判所は、「ところで、給与規程17条2項は、計算上算定される残業代と管理手当との間で差額が発生した場合には、不足分についてはこれを支給するとしつつ、超過分については被告がこれを次月以降に繰り越すことができるとしているのであり、別紙『割増賃金計算表』記載のとおり、未払いの時間外・深夜労働割増賃金は存しないものと認められる」としました。

この判決文は、一見すると定額残業代の繰り越しを認めているようにみられるかもしれませんが、**そのように判断するのは早計**です。

裁判（訴訟）においては、「裁判所は当事者が争点とした（争った）もののみ判断を下す」というルールがあります（これを「弁論主義」といいます）。本件では「定額残業代の繰り越しは認められるか」という点は争点になっていないので、裁判所は有効とも無効とも判断せずに、当該給与規程を前提として判決を下したのです。

したがって、この裁判例をもって「定額残業代の繰り越しが認められた」ということはできません。この点について行政見解も示されていませんし、理屈のうえでも、定額残業代の繰り越しを認めると、そもそも定額残業代を設定する意味がなくなってしまいます。強いていえば、残業代を予算化することができるという程度の意味合いでしょうか。

この裁判例を持ち出して、「定額残業代の繰り越しは認められます」とアドバイスする人事労務コンサルタントがたまに見受けられますが、注意が必要です。

6-3 定額残業代はどのように設定するのか？

べらんめえ社長「どうも定額残業代ってのは、そう簡単ではなさそうだけど、設定する残業代はどのように計算するんだい？」

ソリュー先生「最低賃金を下回らないように設定するなど、一定のルールがあります」

「定額残業代」の計算方法

定額残業代を設定する場合の計算方法は、次ページの図のとおりです。

ただし、月60時間を超える残業については、割増率が1・5（5割増）となります（1章、45ページ参照）。なお、現在適用されている大企業に加え、今般の働き方改革法により中小企業についても、令和5年（2023年）4月1日から同様に5割増の賃金を支払う必要があります。

◎定額残業代の計算方法◎

例1（時間数から計算）

総支給額37万円、年間平均月所定労働時間160時間、時間外労働20時間の場合

- 労働時間単価…370,000円÷（160時間＋20時間×1.25）＝2,000円
- 割増賃金単価…2,000円×1.25＝2,500円
- 定額残業代……2,500円×20時間＝50,000円

例2（金額から計算）

上記の例で、定額残業代を50,000円とする場合

- 労働時間単価…（370,000円－50,000円）÷160時間＝2,000円
- 割増賃金単価…2,000円×1.25＝2,500円
- 時　間　数……50,000円÷2,500円＝20時間

（※）1.25は割増率（2割5分増。労基法37条1項）

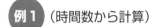

最低賃金を下回ってはならない！

基本給部分の時間単価は、最低賃金法にもとづいて定められている最低賃金額を上回っていなければなりません。

最低賃金額は各都道府県ごとに定められ、毎年変動するので、各労働局のホームページ等で確認してください。

ちなみに、令和２年（２０２０年）10月１日現在の東京都の最低賃金時間額は、１０１３円となっています。

定額残業代の時間数に上限はあるか？

定額残業代は法律で定められた制度ではないので、定額残業代の時間数自体には上限というものは存在しません。

しかし、今般の働き方改革法により、残業時間の上限が原則として月45時間・年３６０時間とされ、これに違反すると刑事罰（6か月以下の懲役または30万円以下の罰金）を受けると規定されました（労基法36条、119条1号）。

したがって、定額残業代の時間数を設定するにあたっても、これを上限と考えるべきでしょう。

なお、この規制は中小企業についても令和2年（2020年）4月1日から対象になっていますので、十分に注意してください。

6-4

年俸制の場合はどうなる？

べらんめえ社長「うちも、年俸制にしようかな。そうすれば、残業代を支払う必要はないんだよね」

ソリュー先生「社長！　それはまったくの誤解ですよ。法律上、年俸制であっても賃金は時間で換算されるので、所定の労働時間を超える労働には残業代を支払う必要があるのです」

社長「えっ、そうなのかい⁉」

先生「年俸制と残業代については、誤解が多いみたいですね。もっとも、年俸制についても定額残業代を採用することはできるので、その場合に押さえておくべきポイントについて説明しましょう」

年俸制でも残業代は払わなければならない！

「年俸制」とは、前年度の実績等を踏まえ、1年間で支給する給料の総額を決めて、これを月々支払う方法です。

年俸制は、**社員の成果の有無を給料に反映させることができる**ので、一定の合理性がある制度といえます。

その一方で、「年俸制を採用すれば、残業代を支払う必要はない」という話を耳にすることがありますが、**これはまったくの誤り**です。

労基法上、労働者の給料は時間単位で換算され、法定労働時間（1日8時間）を超える場合には、残業代を支払うことが義務づけられており、**年俸制についてこの義務を除外する規定はどこにもありません**。

したがって、年俸制を採用していたとしても、法定労働時間を超える労働がある場合には、月々支払われる年俸に加えて残業代を支払う必要があるのです。

なお、年俸制について、基本給部分と残業代部分が明確にされていなかったにもかかわらず、超過勤務手当を基本給に含めて支払うという合意を有効とした裁判例（モルガン・スタンレー・ジャパン・リミテッド（超過勤務手当請求）事件／東京地裁／平成17年10月19日判決）があります。

ただし、この事例は年俸が著しく高額（２２００万円）であり、その金額が成果に対して決められていることから認められたものであるといえ、一般的な金額の年俸制においては参考にならないでしょう。

年俸制に賞与部分がある場合は注意が必要！

年俸制には、最初に年俸額を決めて、これを等分した金額が1か月分の給料として支払われる場合（**固定年俸制**）と、固定年俸に加えて、業績に応じてインセンティブ報酬が支払われる場合（**変動年俸制**）が考えられます。

固定年俸制をとる場合、会社によってはあらかじめ賞与に相当する額を決めたうえで、これを年俸額のなかに含めているケースも多いかと思います。たとえば、年俸額を７２０万円と決めたうえで、これを16等分して（７２０万円÷16＝45万円）、基本給５４０万円（45万円×12か月）を毎月支払い、賞与部分として１８０万円を年２回90万円（45万円×２）ずつ支払うケースが考えられます。

この場合、残業代を支払うにあたって割増賃金を計算する基礎となる賃金は、年俸額を12等分して計算する必要があり、注意が必要です。

割増賃金の基礎となる賃金に算入されない「賞与」とは、**支給額があらかじめ確定されてい**

◎「除外賃金」に関する規定◎

労基法37条５項　第１項および前項の割増賃金の基礎となる賃金には、家族手当、通勤手当その他厚生労働省令で定める賃金は算入しない。

労基法施行規則21条　法第37条第５項の規定によって、家族手当および通勤手当のほか、次に掲げる賃金は、同条第１項および第４項の割増賃金の基礎となる賃金には算入しない。

(1)　別居手当
(2)　子女教育手当
(3)　住宅手当
(4)　臨時に支払われた賃金
(5)　１か月を超える期間ごとに支払われる賃金

ないものをいい、あらかじめ支給額が確定しているもの（右記の例では１８０万円）は賞与とみなされないためです。

そうすると、右記の例では、月々支払われる45万円ではなく、年俸額７２０万円を12等分した60万円が割増賃金を計算する基礎となる賃金となり、月給制の場合よりも割増賃金の額が上がってしまいます。

このような状態に対応する方法としては、変動年俸制を採用して、賞与相当額について「会社や個人の業績等に応じて変動する」などと規定したり、インセンティブ報酬であることを明記したりして、割増賃金の基礎となる賃金から除外できる賃金である「1か月を超える期間ごとに支払われる賃金」（労基法37条5項、労基法施行規則21条5号）とすることが考えられます。

6-5 その他の給与体系の場合はどうなる?

べらんめえ社長「年俸制以外で定額残業代を設定する場合の取扱いについても教えてくれないかな?」

ソリュー先生「わかりました。そのポイントを説明しておきましょう」

みなし労働時間制、裁量労働制の場合

「事業場外のみなし労働時間制」や**「専門業務型裁量労働制」**を採用した場合も、定額残業代の設定が可能です（それぞれの制度の内容については1章、50ページ以下参照）。この場合、みなし労働時間数が所定労働時間を超えた時間を所定労働日数分、定額残業代の時間数として設定することになります。ただし、月の所定労働日数は変動分を見越して最大日数で計算する必要があります（次ページの上図を参照）。

◎みなし労働時間制、裁量労働制の場合の定額残業代の例◎

みなし労働時間　10時間

所定労働時間 8時間	時間外労働 2時間

2時間 × 月所定労働日数 ＝ 定額残業代の月時間数

◎歩合給の場合の割増賃金の計算例◎

基本給160,000円、歩合給40,000円、月所定労働時間160時間、残業時間40時間の場合

- 基本給部分…160,000円÷160時間×1.25×40時間＝50,000円
- 歩合給部分…40,000円÷200時間×0.25×40時間＝2,000円
- 残　業　代…52,000円

歩合給制の場合

基本給に加えて歩合給（インセンティブ報酬）を支払う「**歩合給制**」についても、基本給部分と残業代（割増賃金）部分が明確に区別されていれば、定額残業代を設定することは可能です。

ただし、歩合給は前述した「除外賃金」には含まれないので、**定額残業代の計算の基礎となる賃金には歩合給も含まれる**ことに注意が必要です（前ページの下図を参照）。

この点に関し、前述（174ページ）の国際自動車事件（第二次上告審）判決は、時間外労働に対する割増賃金（割増金）を支払ったうえで、それとは別に支給される歩合給について売上高に応じて算定された金額から割増賃金に相当する金額を控除して支払うとする賃

【就業規則の規定例】

（歩合給）

第○条　歩合給は、一賃金計算期間における売上高や販売数量など一定の成果に応じて支払うものとし、一賃金計算期間において○○時間分の時間外勤務見合いの手当として支給する。

2　一賃金計算期間において時間外勤務時間が○○時間を超過した場合は、次の計算式により別途、差額の時間外勤務手当を支給する。

歩合給部分の賃金額÷総労働時間×0.25

×○○時間を超過した時間外勤務時間

◎日給制の場合の賃金の計算例◎

日給12,600円（10時間）	
所定労働時間８時間 9,600円	定額残業代２時間分 3,000円

金規則について、当該割増金は通常の賃金である歩合給を割増金という形に置き換えたものに過ぎず、割増賃金（残業代）として明示されていないとして、法律の定める割増賃金として認めないという判断をしました。

歩合給制において定額残業代を設定する場合、残業代見合いであることを明確にして、歩合給部分について残業代をキチンと把握することが重要です。

日給制の場合

「**日給制**」の場合も、定額残業代の設定が可能です。この場合、残業時間削減のインセンティブが大きく働くことが期待されます。

6-6 未払い残業代で争いになったらどうなる？

べらんめえ社長「先生、てぇへんだ！　この前辞めた社員から弁護士名義で『未払残業代請求書』なんてぇもんが送られてきたよ。いったいどうすりゃいいんだい？」

ソリュー先生「社長の会社では定額残業代を導入していますよね。この通知書では、定額残業代が考慮されていませんね。まずは、今後の手続きの流れを理解して、そのうえで正々堂々と着実に対応するようにしましょう」

未払い残業代請求の流れを理解しよう！

会社を辞めた元社員から未払い残業代の請求を受ける場合、通常は197ページ図の流れを経るのが一般的です。

未払い残業代を含む賃金支払請求権は、**支給日から3年が経過すると時効により消滅します**（労基法115条。ただし、2020年4月1日より前に支払期日が到来するものについては2年。

いずれ5年になります）が、月々の未払分が3年分積み重なると相当な金額にのぼります。たとえば、当該労働者の給与を月額28万円、月所定労働時間を160時間とすると、賃金の時間単価は1750円となり、割増賃金の時間単価は2188円となります。仮に、毎日3時間程度の残業が発生したとすると、月の残業時間は約60時間、月の残業代は13万1280円になります。

これが時効期間である3年間分となると、472万6080円もの金額になります。序章で説明したように、退職した元従業員からの請求の場合、退職日の翌日から14・6％の遅延損害金が発生します（賃金の支払いの確保等に関する法律6条1項）。さらに、裁判所の判決が下される際には、場合によっては請求金額と同額の「付加金」が罰金的に課されることもあります（労基法114条）。

これのみならず、近年、スマートフォン等の携帯端末の普及により、会社を退職した元社員が連絡を取り合い、まとまって請求が行なわれることもあります。そうなると、請求金額は一千万円単位となり、まさに会社にとっては死活問題になってしまいます。

このような事態は、定額残業代を就業規則等に適切に定めることにより、ある程度防ぐことができます。

◎未払い残業代請求の一般的な流れ◎

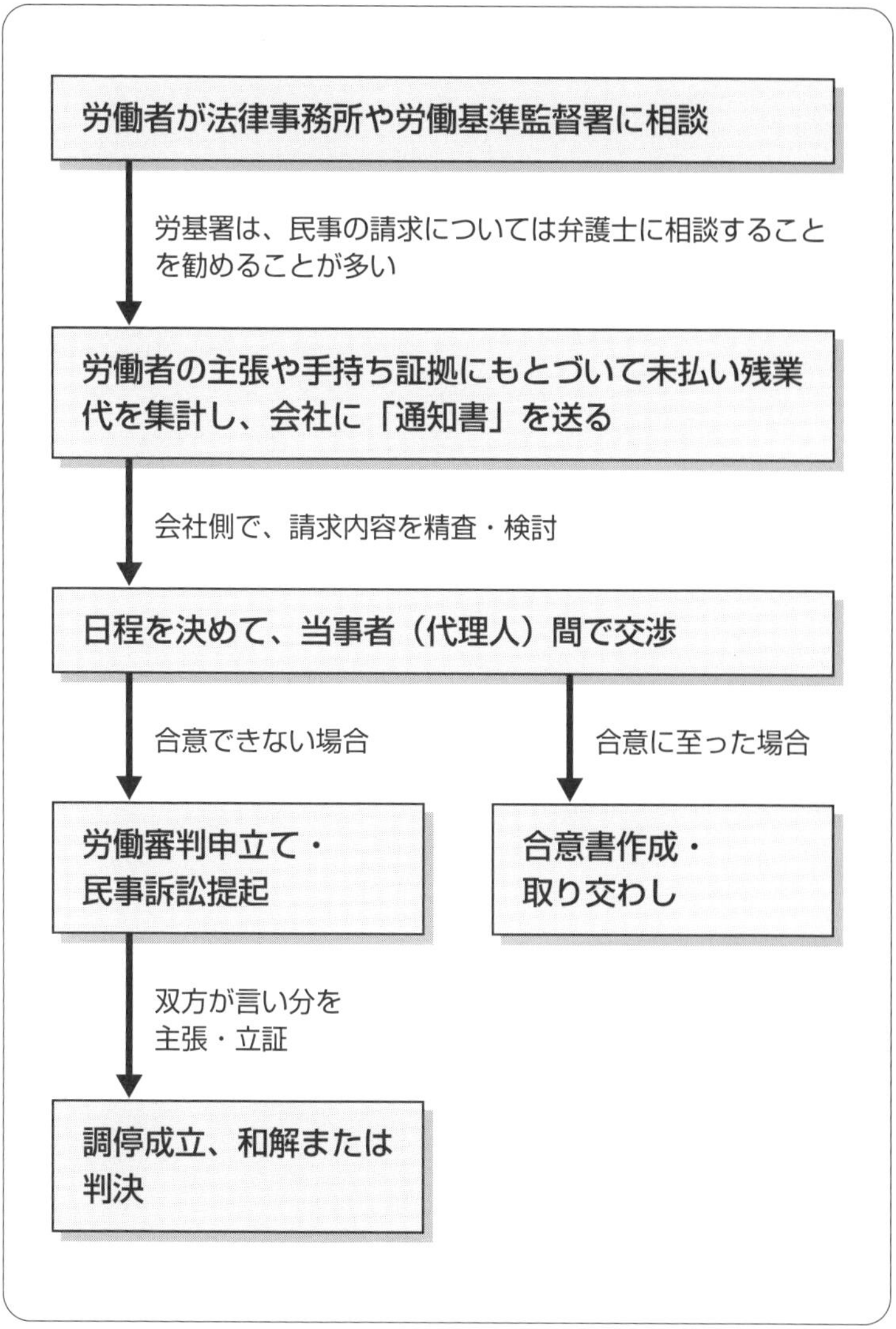
労働者が法律事務所や労働基準監督署に相談
労基署は、民事の請求については弁護士に相談することを勧めることが多い
労働者の主張や手持ち証拠にもとづいて未払い残業代を集計し、会社に「通知書」を送る
会社側で、請求内容を精査・検討
日程を決めて、当事者（代理人）間で交渉
合意できない場合
合意に至った場合
労働審判申立て・民事訴訟提起
合意書作成・取り交わし
双方が言い分を主張・立証
調停成立、和解または判決

「労働審判」「民事訴訟」とはどういう手続き？

「**労働審判**」と「**民事訴訟**」は、いずれも裁判所での手続きであることは同じですが、その内容は同じではありません。そこで、それぞれの手続きについて、異なる点を中心にその概要をみておきましょう。

まず、民事訴訟は、原告（労働者）が、訴状を裁判所に提出することにより始まります。訴状には、請求の内容（おおまかにいうと「未払いの残業代が○○円あるので、それを支払え」という内容）が記載されているので、訴状を受け取った被告（会社）は、たとえば「定額残業代として支払われているので、未払いはない」といった内容の答弁をして、双方の言い分が異なる点については、提出された証拠にもとづき裁判所がどちらの言い分が正しい（と思われる）か判断して結論を出します。

訴訟のなかでは、その時点までの裁判官の心証により、双方が互いに譲歩して決着する「**和解**」が提案されることも多くあります。事案の内容にもよりますが、訴状が届いてから決着するまで、数か月から1年程度の時間を要します。

一方、労働審判は、平成18年にスタートした制度で、手続きの基本的な流れは民事訴訟と同様ですが、①労働審判官（裁判官）1名と労使双方の有識者2名で構成する労働審判委員会が

◎労働審判手続きの流れ◎

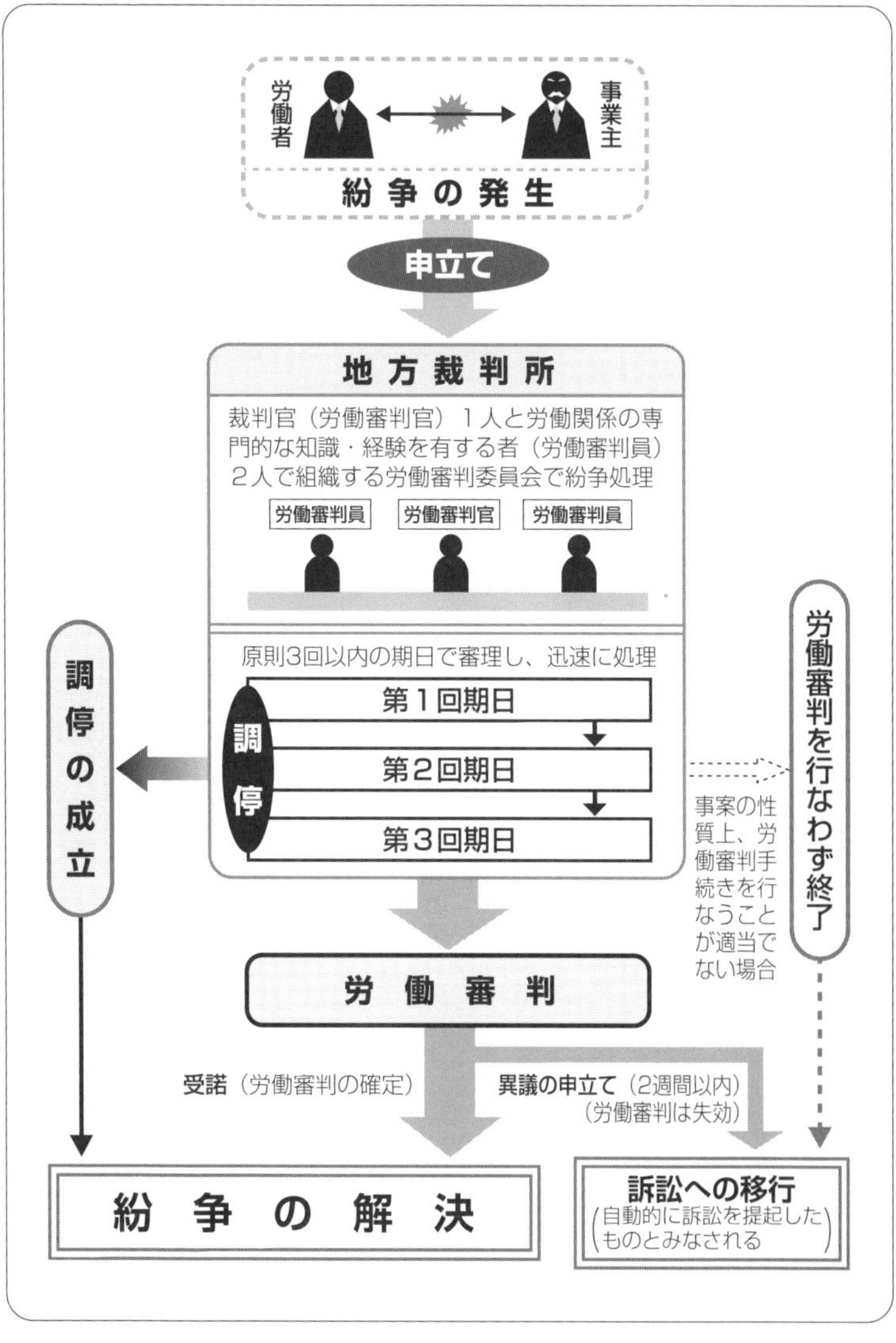
労働者
事業主
紛争の発生
申立て
地方裁判所
裁判官（労働審判官）1人と労働関係の専門的な知識・経験を有する者（労働審判員）2人で組織する労働審判委員会で紛争処理
労働審判員
労働審判官
労働審判員
原則3回以内の期日で審理し、迅速に処理
調停
第1回期日
第2回期日
第3回期日
調停の成立
労働審判を行なわず終了
事案の性質上、労働審判手続きを行なうことが適当でない場合
労働審判
受諾（労働審判の確定）
異議の申立て（2週間以内）
（労働審判は失効）
紛争の解決
訴訟への移行
（自動的に訴訟を提起したものとみなされる）

審理を担当し、②原則として、最大3回期日までという短期間で、③話し合いによる解決をめざす点が特徴です。労働審判の手続きの流れについては、前ページの図を参照してください。なお、労働審判で決着しない場合は、民事訴訟に移行することになります。

一般的に、労働審判のほうが簡易・迅速な手続きということがいえますが、それでも、社長や会社の担当者に生じる物理的・精神的な負担は相当なものになり、前述のとおり、場合によっては膨大な支払い負担が一度に生じるおそれがあります。

そのような事態に陥らないためにも、本書を有効活用して、残業時間の削減に取り組んでいただきたいと思います。

7章

働き方改革による多様な働き方と労働時間管理

この章のキーワード

●限定正社員 ⇒ 203ページ

●副業・兼業 ⇒ 207ページ

●勤務間インターバル ⇒ 213ページ

●時差通勤 ⇒ 217ページ

●育児・介護による勤務制限 ⇒ 220ページ

【特定社会保険労務士◎濱田京子】

7-1 限定正社員制度の設計と短時間正社員制度

べらんめえ社長  「先日、入社した社員から、この会社は働き方改革が進んでいない！　なんて言われちゃったよ。働き方改革って言葉は知っているけど、具体的にピンとこないんだよね。いったい何をすればいいのかね？」

ソリュー先生  「働き方改革は、少子高齢化などの課題を解決するために、働く人それぞれの事情に応じた多様な働き方を選択できるようにしていこうと考えられた取組みで、それにより一人ひとりが将来の展望を持てるようになることをめざそうと考えられているものなんですよ。せっかく採用しても辞める人が多かったら、会社にとってもいいことがないですからね。働きやすいと感じてくれる環境づくりをすることが求められるようになりましたから、いろいろと設計可能な働き方の選択肢についてチェックしていきましょう！」

多様な働き方ができるようになった

「働き方改革」は、働く人それぞれが個々の事情に応じた多様で柔軟な働き方を自分で選択できるようにするための改革として位置づけられています。

それは、現在の日本の課題である少子高齢化、ニーズの多様化などに対応するためであり、それと同時に生産性を向上させて、より就業機会の拡大、意欲・能力を発揮できる環境づくりが求められています。

具体的には、働き方改革関連法として改正された内容が2019年4月から順次、施行されています。これにより改正された法律は、労働基準法、労働安全衛生法など幅広いのですが、この章では「正社員はフルタイム勤務で転勤や職務変更がある」という旧来の固定概念にとらわれない新しい働き方について、具体的に設計可能な内容を紹介していきます。

限定正社員制度の設計

正社員は全員、無期雇用、フルタイム勤務で転居を伴う異動もあるという労働条件が当たり前という固定概念を取り払い、優秀な人材を継続的に確保し定着させるために、一定の条件をつけた「**限定正社員**」の制度が注目されています。

限定正社員には、勤務地限定、業務限定、労働時間限定（短時間）などが考えられ、それら

◎限定正社員のイメージ（例）◎

	正社員	限定A	限定B	限定C	非正規
雇用期間	無期				有期
転勤の有無	有	無			
業務内容	限定なし			限定あり	
労働時間	フルタイム		短時間		
処遇	高	>>>>>>>>>>>>>>>>>>>>>>>>>>>			低
拘束性	高	>>>>>>>>>>>>>>>>>>>>>>>>>>>			低

の限定した条件以外は他の正社員と同様の労働条件ということが前提となります。いままでは、これらの限定条件がある労働者は非正規労働者として、契約社員やパート・アルバイトなどという呼称で定義づけられていましたが、限定正社員については**非正規労働者と正規労働者の中間的な位置づけ**で設計しているところがポイントです。

どのような限定条件にするかは、会社が自由に設計できますが（上図参照）、労働時間が短くなることだけで求められる役割も少なくなり、結果として処遇が労働時間の長さ以上に低くなるという設計では、新しい働き方の構築はできません。

現在、フルタイム勤務でさらに時間外労働がいつでもできるという人材だけを一定数確保することは難しくなってきているので、働く時間に制限がある人にも能力を発揮できる環境をつくることが求められます。

したがって、労働時間の長さで業務量が異なることはあっても、業務内容や責任の範囲は変わらないという考え方を取り入れることを検討してください。

「短時間正社員」制度とは

限定正社員制度の一つとして考えられる「短時間正社員」制度について具体的に検討していきましょう。まず、短時間正社員とは、**正社員と同じ役割**と定義づけたうえで、所定労働時間を正社員よりも短い時間で契約する制度と考えられます。この制度を導入するにあたり、検討すべき事項は次のとおりです。

①労働時間の差に応じた処遇と業務量の定義づけ

所定労働時間が短くなるため、それに応じた処遇となりますが、短時間勤務が前提となると、場合によっては時間外労働がまったくできないことも考えられます。つまり結果として、所定労働時間の差以上に、総労働時間に差が生まれることもあります。したがって、想定する総労働時間から担当する業務量を調整する必要もあります。業務量自体は、労働時間に応じて減らす必要はあるものの、同じ役割として定義することがポイントです。

そのほかに、短時間勤務を希望する理由が育児や介護などというケースも多いので、勤務地や業務内容などを限定する区分も考えることができます。

②制度間の行き来

フルタイムの正社員から短時間正社員への転換を認める制度設計をすることも考えられます。いつでも制度間を行き来できるようにする、一定期間の制限をつける、など企業の規模などに応じて可能な限り柔軟な制度とすることがよいでしょう。業務量のみが調整できるという制度であれば、育児期間の数年間は短時間勤務を選択できるなど、働く人自身のライフイベントに応じて柔軟な調整ができて、キャリアを継続することが実現できるようになります。

③月額給与以外の労働条件に関する整理

月額給与は、所定労働時間の長さに応じて按分すればよいので明確ですが、詳細な労働条件についても整理しておくことが必要です。たとえば、賞与や退職金の算出方法がフルタイムと同じ考え方でよいのか、また異なる場合は短時間正社員の期間とフルタイム正社員の期間が混在する場合の算出方法はどのようにするか、など細かい運用も整理しておくことが必要です。

④評価基準の確認

労働時間や賃金などの労働条件だけを整備して、評価基準については未着手ということが多いので、必ず確認しておきましょう。評価基準の確認ポイントは、労働時間が長いことにより達成しやすい基準になっていないかということです。正社員の評価基準はフルタイム勤務、時間外労働があることが前提で設計されていることがあります。具体的な例の一つに「売上目標値」が考えられます。業務の質や役割に応じて異なりますが、労働時間が長いことにより成果が出やすい業務などは、短時間正社員も同じ評価基準とすると、結果的に短時間正社員は総じて評価が低下してしまうことになります。どのような評価基準にするか、という観点のほか、実労働時間と比較しながら評価できるようなしくみにすることも考えられます。

7-2 副業・兼業の考え方

ソリュー先生  「実は、副業・兼業を積極的に進める傾向になってきました」

べらんめえ社長  「そうらしいね。問題点はないのかな?」

社会保険、労働時間の取扱いは?

総務省の就業構造基本調査では、副業・兼業を希望する人は年々増加傾向にあると示されています。働き方改革を進めるなかで、選択肢の一つとして副業・兼業についても厚労省の「柔軟な働き方に関する検討会」で議論され、その内容を踏まえて２０１８年１月に「副業・兼業の促進に関するガイドライン」が策定され、２０２０年９月に改定されています。

このガイドラインでは、企業と労働者それぞれのメリット等がまとめられたうえで、企業の対応として、原則として副業・兼業を認める方向とすることが適当とし、労働時間以外の時間については、労働者の希望に応じて原則、副業・兼業を認める方向で検討することが求められ

◎労災保険の給付のしくみ◎

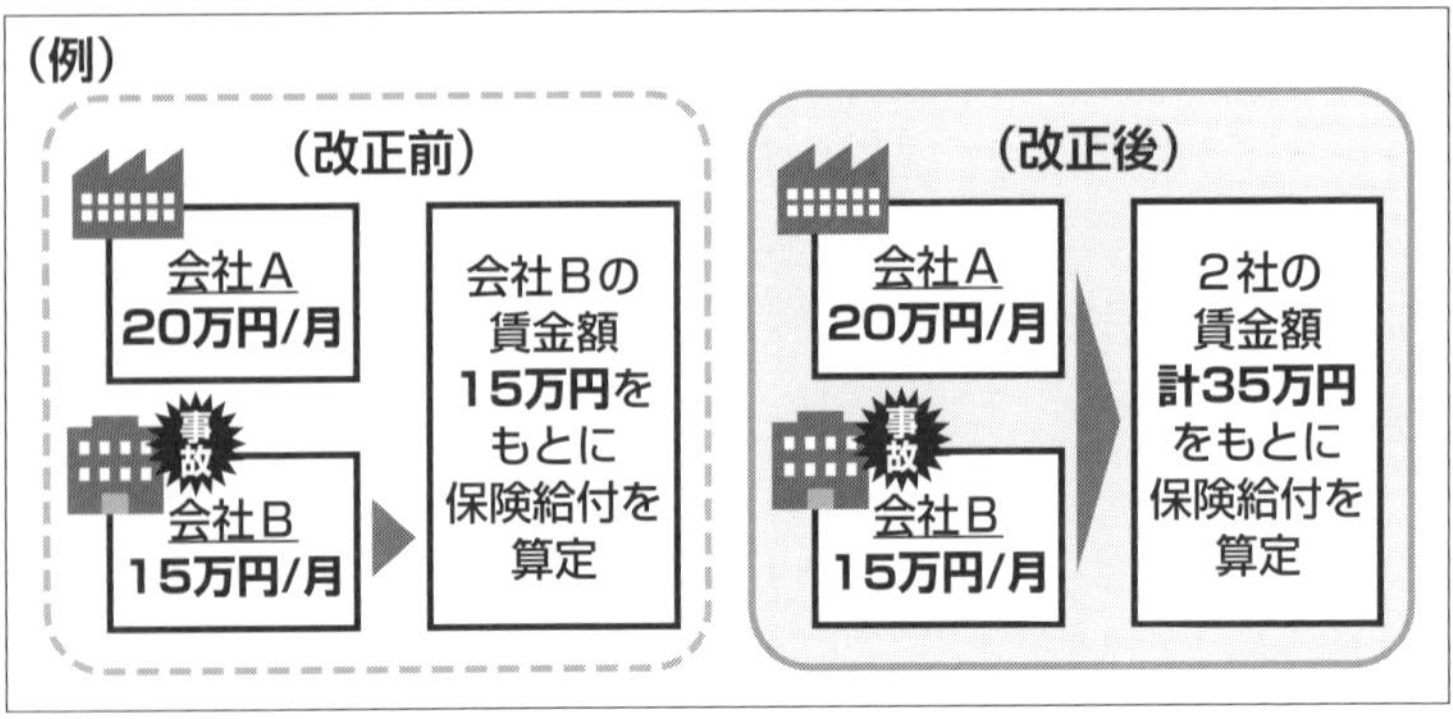

（厚生労働省のパンフレットより）

るとしています。今後の法改正に関する情報も含めて、まとめてみると次のとおりです。

①労災保険の給付について

令和2年9月1日から施行された「雇用保険法等の一部を改正する法律」により、「**複数事業労働者**」に対する給付が新設されました。改正前までは、副業・兼業をしている人が給付申請した場合、災害が発生した就業先の賃金分のみにもとづき給付額を算定していましたが、改正後は複数事業所を合算して算出することが可能となりました。具体的には、従来の業務災害給付すべてに複数事業労働者に対する給付が新設された形になります。

これにより、本業の賃金と副業・兼業の賃金を合算した額から給付額が決定することができるので、実態に合った給付に近づくことになります。

②雇用保険について

雇用保険は同一の事業主のもとで、週の所定労働時間が20時間以上で、31日以上の雇用見込みがなければ被保険者になれません。また、同時に複数の事業主に雇用されている人が、それぞれの雇用関係において被保険者要件を満たす場合は、生計を維持するに必要な賃金を受ける雇用関係についてのみ被保険者となるとされています。以上のことから、副業・兼業をしている場合には、いずれかの主たる事業主でのみ雇用保険に加入することになります。

③社会保険について

社会保険（健康保険・厚生年金保険）の適用要件は、企業規模に応じて異なり、被保険者が501人以上の適用事業所であれば、次の要件を満たすと被保険者となります。

- ●1週間の所定労働時間が20時間以上あること
- ●雇用期間が1年以上見込まれること（→1年以上から2か月超へ2022年10月から変更）
- ●賃金の月額が8・8万円以上であること
- ●学生でないこと
- ●厚生年金保険の被保険者数が常時501人以上の適用事業所に勤めていること（→人数規模も変更予定）

この人数規模要件については、2022年10月から101人以上、2024年10月から51人以上の適用事業所に拡大されることが決まっています。

また、同時に複数の事業所でそれぞれ被保険者要件を満たす場合は、いずれかの事業所を選択したうえで、それぞれの事業所の報酬月額を合算して標準報酬月額を算定し、保険料を決定します。つまり、副業・兼業先の給与も合算して標準報酬月額（保険料）が決定されることになるので、標準報酬月額に応じて給付額が決定する場合などは、給与の合計額で算定されることが可能となります。

④労働時間について

労働基準法38条で「労働時間は、事業場を異とする場合においても、労働時間に関する規定の適用については通算する」と定められているため、副業・兼業のような事業主が異なる場合も含めて、労働時間は通算することになります。

２０２０年９月１日に改定されたガイドラインでは、労働者からの申告等により、労働契約の締結の先後の順に所定労働時間を通算し、所定外労働の発生順に所定外労働時間を通算することで把握し、それぞれで自ら労働させた時間外労働の割増賃金を支払うとされています。

認める場合に会社として気になる点は？

社内ルールとして副業・兼業は、「**許可制**」としている企業が多いと思いますが、許可する基準をある程度決める必要があります。そこで、会社として気になることを「心配ポイント」ごとに整理しておきましょう。

▼心配ポイント❶「長時間労働」

労働時間は通算されるという考え方が変わらない限り、複数の事業場で働くことにより長時間労働になってしまう可能性があるという問題は回避できません。

したがって、すでにフルタイムで雇用されている労働者に対して、それ以上に所定労働時間を加算させることが前提で副業・兼業を認めることにはリスクがあるため、通算して法定労働時間の週40時間を超えない範囲で許可するということが考えられます。やはり、フルタイム勤務の労働者に対して、別の会社で雇用されて働くことに対するハードルは高いと考えられます。

しかし、労働基準法における労働時間にならないのであれば、労働時間が通算されることもないので問題になりにくいということから、他の会社で「雇用」されることは認めず、個人事業主として働くことや、事業主として独立するということであれば可能とするという制限のつけ方も考えられます。

副業・兼業の具体的な事例として厚労省で紹介されているケースも、ほとんどが2社から雇用されているのではなく、いずれかは「雇用」ではない形態となっていることは一つの特徴といえるでしょう。

▼心配ポイント❷「情報漏洩」

「同業他社等への副業・兼業は認めない」と制限をつけることがあります。同業他社に限らず、個人情報はもちろん営業秘密情報なども漏洩しない範囲で、副業・兼業を認めるという要件を設定することが考えられます。

副業・兼業の実態としては、できる業務は本業と同じ、または近い仕事であることが多いので、情報漏洩とならない範囲で認めるということは重要なことと考えられます。

結果として、本業と近い仕事の副業・兼業は認めないというルールにすると、副業・兼業は禁止していることと同じになってしまうことが考えられます。

これを回避するためには、副業としてやりたいアイディアや具体的な事業などを社内でプレゼンテーションしてもらう機会を設けて、新しい事業を社内で実現することでサポートしていく、という方法を考えている企業もあります。つまり、社内での起業や新規事業として支援を検討する方法です。社内イノベーションへ発展させる方法の一つとして、検討する余地があるかもしれません。

7-3 「勤務間インターバル」の導入

ソリュー先生「働き方改革関連法にもとづき、労働時間等設定改善法が改正されて『勤務間インターバル』制度が事業主の努力義務として規定されました」

べらんめえ社長「制度内容がよくわからないんだけど、具体的なやり方を教えてくれない？」

勤務間インターバル制度とは

勤務間インターバルとは、前日の終業時刻から翌日の始業時刻の間に**一定時間の休息時間を確保**する制度のことをいいます。法令では休息時間数に制限はありませんが、あまり短い休息時間としても制度構築の効果が少なくなることなどから、時間数については実態に合わせてよく検討する必要があります。

また、具体的な休息時間は定めず、一定時刻よりも遅い時間帯まで勤務した場合は、翌日は有給休暇を取得できるという制度にすることにより、確実に身体を休ませることができるようにすることなども考えられます。厚生労働省のホームページには、勤務間インターバル制度の具体的な導入事例が示されているので、参考にしてください（「勤務間インターバル制度」で検索してみるとよいでしょう）。

具体的な運用のしかたは？

勤務間インターバルを社内制度として設定するための具体的な運用方法には、次の二つが考えられます。

①勤務禁止の時間帯を決める方法

たとえば、22時から翌朝8時までは勤務しない時間帯と定め、結果的にインターバル時間を10時間とするなどの方法です。

この場合は、時間帯を具体的に定めてしまうため、働く人にとってもわかりやすいので浸透が容易ですし、管理もしやすいです。しかし、緊急対応など、突発的に発生したことへの対応ができなくなる可能性があるので、時間帯を定める方法は採用可能な部門や業務などに限定される可能性があります。

②確実な休息時間を確保するために始業時刻を繰り下げる方法

時間帯指定よりは柔軟な方法として考えられるのが、一定時間まで在社した場合に、決められた休息時間を確保できる時刻まで始業時刻を繰り下げる方法です。たとえば、23時まで在社したら、翌日10時を始業時刻として、11時間の休息時間を確保するなどという方法が考えられます。

この方法を採用する際に決めなければならない重要なことは、繰り下げた時間分の取扱いについてです。フレックスタイム制等でないかぎり始業時刻は決まっているので、それを繰り下げた時刻までの労務提供をしなかった時間帯の取扱いを決める必要があります。

その対応方法としては、次の3つが考えられます。

❶働いたものとみなす

実際には始業時刻を繰り下げているので労務提供はしていないものの、賃金を控除することなく、決められた始業時刻に出勤して勤務していたとみなす方法です。この方法は労働者にとってはいいことばかりですが、同一人物にたびたびこの制度が適用される可能性がある場合は、実際には働いていなくても賃金が発生する時間数が多くなります。これは、公平性の観点から問題がないかということを検討する必要があります。

❷賃金を控除する

ノーワーク・ノーペイの原則により、労務提供していない時間帯は無給とする方法ですが、本人の意思とは関係なく業務命令で前日の勤務時間が長くなってしまうケースが多いことがあれば（時間外労働は原則、会社による業務命令によるものです）、本人に落ち度がないのに遅刻と同じような対応となってしまうことで問題ないかという点を検討する必要があります。

❸繰り下げた時間相当分を終業時刻も繰り下げる

公平性の観点からは、この方法が最も合理的と考えられますが、翌日の終業時刻も繰り下がることにより、結果的に勤務時間帯が遅くなることが継続してしまうことに問題がないかという点を検討しなければなりません。

勤務間インターバルを利用しなければならないような状況、つまり労働時間が長くなる状況がたまたま1日だけだった場合は、その翌日の始業時刻と終業時刻を繰り下げて対応して、時間外労働が必要なければ大きな問題にはならないですが、業務が立て込んでいることが1日だけでなくしばらく継続する、というケースも多いでしょう。

つまり、業務の繁忙が一定期間継続するケースにおいては、勤務する時間帯が遅い時間帯にずれるだけという結果になるため、身体を休ませるために休息時間を設ける効果も薄くなると考えられます。したがって、働く時間帯をずらすことで対処することには、あまり意味がなくなってしまいます。発生する状況はどのようなケースが多くなるのかなどを想定しながら、運用方法を決定していく必要があります。

最終的には、勤務間インターバル制度を導入することにより、会社として達成したい目的を明確にして、運用方法を決定していくことが大切です。

7-4 「時差通勤」による運用

べらんめえ社長「新型コロナウイルスへの感染を防ぐために、『時差出勤』を導入した会社も多いようだけど、これも多様な働き方の一つかね？」

ソリュー先生「そうですね。時差出勤については、厚生労働省が公表している企業向けのQ&Aでも触れられています。法令に規定があるわけではありませんが、フレックスタイム制や始業・終業時刻の繰上げ・繰下げを活用することにより実現することが可能です」

フレックスタイム制の活用

「フレックスタイム制」は労働時間管理の方法の一つで、会社が就業規則に定めて、労使協定を締結することにより運用可能な制度です。フレックスタイム制であれば、労働者が日々の始業・終業時刻を自ら決めることができるので、満員電車に乗ることを避けるためという理由に限らず、個々に時差出勤をすることが可能となります。

就業規則では、始業・終業時刻の決定を労働者に委ねることを定めたうえで、労使協定で次の事項について定めることが必要になります。
①対象となる労働者の範囲
②清算期間
③清算期間における総労働時間（清算期間における所定労働時間）
④標準となる1日の労働時間
⑤コアタイム（任意）
⑥フレキシブルタイム（任意）
２０１９年4月以降、清算期間を1か月超（3か月以内）とすることもできるようになりましたが、その場合は労使協定を所轄の労働基準監督署長に届け出る必要があります。

始業・終業時刻の繰上げ・繰下げ

時差出勤を実現するためには、一時的に始業・終業時刻を繰上げ・繰下げすることで、勤務時間帯をスライドさせることができます。これは、就業規則に始業・終業時刻の繰上げ・繰下げをすることがあるという規定がある場合に限ります。

この場合は、フレックスタイム制とは異なり、労働者が自由に働く時間帯を決めることができる制度ではなく、あくまでも繰上げ・繰下げする時刻を決めるのは会社となります。ただし、会社が決めるといっても実際に運用する際には、労働者の希望を聞いたうえで始業・終業時刻を決定するということになるでしょう。

フレックスタイム制であれば、今日は10時間働いて、明日は6時間働くなどというように、清算期間内でメリハリのある働き方をすることができますが、繰上げ・繰下げの方法では、1日の労働時間数は変更することができないので、フレックスタイム制のほうが労働者に裁量があり、柔軟な運用が可能となります。

以上のことから、会社がどこまで決めるのか、労働者にどのような裁量を与えたいか、などの考え方によって、労働時間管理方法の選択肢が変わってくることになります。

7-5 育児・介護の必要に応じた働き方

べらんめえ社長「家族の育児・介護が必要になる社員については、何らかの対応が必要になるよね」

ソリュー先生「育児・介護休業法では、子の養育や家族の介護を行なう労働者に対しては、仕事との両立を目的として、短時間勤務や所定外労働を制限することが可能となる制度が設けられています。会社が最低限、制度として準備しなければならない主な内容をあげておきましょう」

短時間勤務制度の適用

3歳に満たない子を養育する労働者が申し出た場合には、6時間勤務の短時間勤務を認める必要があります。6時間よりも所定労働時間が短い短時間勤務制度を適用するところまでは法律で求められていませんが、会社としてより手厚い制度を準備しておくことは可能です。

一方、介護に関しては、要介護状態にある家族を介護する労働者が申し出た場合には、育児の場合と同様に短時間勤務制度を準備する必要があります。

所定外労働の制限

3歳に満たない子を養育する労働者や、要介護状態にある家族を介護する労働者が申し出た場合には、所定労働時間を超えて労働させることはできません。

このような申し出がない場合は、就業規則で所定労働時間外の労働を命ずることがあると規定されていることが一般的なので、通常は業務命令として所定労働時間外の労働を命じられた場合に労働者は拒否できませんが、このような制限が必要だと申し出ている労働者に対しては、会社は命ずること自体ができなくなります。

時間外労働の制限

小学校就学の始期に達するまでの子を養育する労働者や、要介護状態にある家族を介護する労働者が申し出た場合には、1か月で24時間、1年で150時間を超えて時間外労働をさせることはできないという制度があります。

これは、たとえ三六協定の締結があっても、制限することが可能となります。

深夜労働の制限

小学校就学の始期に達するまでの子を養育する労働者や、要介護状態にある家族を介護する労働者が申し出た場合には、深夜労働を命ずることができないという制度があります。

深夜労働とは、22時から翌朝5時までの時間帯の労働をいいます。

8章

テレワークの導入のしかたと労働時間管理

この章のキーワード

【特定社会保険労務士◎佐藤広一】

8-1 テレワークってなに？

べらんめえ社長「最近、働き方改革やら新型コロナウイルスへの対応やらで、『テレワーク』って働き方を耳にするんだけど何だいそりゃ？」

ソリュー先生「テレワークとは、会社に出勤せずとも自宅やサテライトオフィスなどで働く勤務形態のことで、場所や時間にとらわれない柔軟な働き方ができるメリットがあります。とりわけコロナ禍では職場や通勤時の感染や密を避けるために有効であるとされています」

テレワークとは

「テレワーク」とは、労働日の全部または一部について自宅その他で勤務することで、クラウドなどの情報通信技術を活用して、**時間や場所にとらわれずに勤務する働き方**をいいます。すなわちテレワークは、「tele＝離れた所」と「work＝働く」をあわせた造語であり、次の3

つに区分されます。

①在宅勤務

自宅において、情報通信技術（ＩＣＴ＝Information and Communication Technology）を活用しながら業務に従事する勤務形態。在宅勤務というと、まったく出社しないで、毎日自宅で仕事をするイメージが先行しますが、わが国において在宅勤務制度を導入している企業では、週１～２日の頻度で実施する場合が一般的です。ただし、コロナ禍という事情では外出そのものへの自粛が要請されますから、在宅勤務の頻度や日数は増える傾向にあります。

②モバイルワーク

移動中の交通機関や顧客先、カフェ、ホテル、空港のラウンジなどでＩＣＴを活用しながら業務に従事する勤務形態。営業職など頻繁に外出する業務の場合に、隙間時間・待機時間などのニッチタイムに効率的に業務を行なうことができます。また、直行・直帰を活用すれば、わざわざオフィスに戻って仕事をする必要がなく、ワーク・ライフ・バランスの向上にも効果があります。

③サテライトオフィス勤務

勤務先以外のオフィススペースでＩＣＴを活用しながら業務に従事する勤務形態。本拠地のオフィスから離れたところに設置した部門共用オフィスで就業する施設利用型の働き方で、サテライトオフィスには専用型と共用型があります。

「専用型」は、自社や自社グループ専用で利用するサテライトオフィスで、営業活動中や出張の際に立ち寄って利用する、在宅勤務の代わりに自宅近くのサテライトオフィスで勤務する、などの働き方があります。自社の事業所のなかに社内サテライトオフィスを設置する場合と既存の事業所とは別に設置する場合があります。

他方、「共用型」は、社内専用ではなく、複数の企業や個人事業主が共用するオフィスで、最近ではシェアオフィスまたはコワーキングスペースと呼ぶ場合もあります。

テレワークの効果

テレワークを導入することによって得られる効果は、次のようなものです。ただし、よくいわれる「生産性の向上」という点では、あまり効果が実証されていませんが、テレワークという働き方が広く普及し定着すれば、目に見える形で現われることになるかもしれません。

①人材の確保・育成

- さまざまな事情を抱えた従業員に対し、キャリア継続に有効なテレワークという選択肢を提供できます。
- 働きやすい環境をつくることで、働きたいというモチベーションの維持・向上を図ることができます。
- 産前産後休業、育児休業などからの職場復帰後や介護を要する家族がいる従業員がテレワークを計画的に利用することにより、多様な働き方ができます。

②業務プロセスの刷新

●従業員が自律的に業務を行なうといった側面とともに、従業員間の業務上の役割が明確になり、業務分担の見直しや工程の最適化を図ることができます。

●ペーパーレス化や、ネットワーク上での情報共有が進み、業務の効率化につながります。

③事業運営コストの削減

●営業拠点の統合や廃止、スペースの縮小を図ることができます。

●従業員の通勤費や出張費、冷暖房や照明等のオフィス環境に係る費用を削減することができます。

●ペーパーレス化により、コピー機および用紙の費用を削減することができます。

④非常時のBCP（事業継続計画）としての機能

●地震、水害、パンデミック（感染症が世界的規模で流行すること）等の自然災害発生時でも出勤することなく自宅で業務が可能なため、企業は事業を継続でき、事業利益の損害を最小限にとどめることができます。

●災害発生時に無理に通勤する必要がないため、従業員の生命を守ることができます。

●新型コロナウイルスなどのパンデミックの発生時には、他人との接触を防ぐことによって感染拡大を抑止できます。

⑤企業内外の連携強化による事業競争力の向上

●モバイルワークやサテライトオフィスの利用によって、顧客とのコミュニケーションをとる機会が増えることにより、営業効率が向上し、顧客満足度の向上につながります。

●情報共有ツールなどの活用によって、意思決定の迅速化や業務の「見える化」が実現できます。

⑥人材の離職抑制・就労継続支援

●育児期間中の従業員の雇用継続…仕事と育児の心身への負担が大きく、両立ができずにキャリアをあきらめてしまう従業員に対し、たとえば週1日～2日、子どもを保育園に預けた後、在宅勤務を実施することにより、就労の継続や短時間勤務からフルタイム勤務への早期復帰などを実現することができます。

●介護中の従業員の雇用継続…被介護者の食事の世話など、1日の決まった時間に介護・家事が発生するため、退職を余儀なくされたり、長期休暇を取得せざるを得なかったりする従業員に対し、在宅勤務を実施することで、就労の継続を実現することができます。

●配偶者と共に転居する従業員の離職防止…配偶者の転勤に伴い、所属するオフィスから遠くに転居する従業員に対し、テレワークによる遠隔勤務を実施することで離職を防止することができます。

●労働意欲のある高齢者の雇用…労働意欲のある高齢者にテレワークを利用してもらうことで、

通勤時間の削減など身体的負担の少ない環境下での雇用を実現し、若手へのノウハウ継承や熟練者のスキルの有効活用につながります。

●通勤が困難な従業員の雇用…能力・スキルがあり就労意欲はあるが、障がいなどにより通勤が困難な従業員の就労を実現できます。

⑦企業ブランド・企業イメージの向上

●社会的に「人材を大切にする企業」「働きやすい企業」としての認知度が上がり、ブランドイメージが向上します。

●従業員のモチベーションが向上することで、生産性も向上し、企業業績アップにつながります。

●従業員の働きやすさに対する会社の積極的な姿勢が明確になることで、会社に対するイメージや信頼感の向上につながります。

8-2 テレワークを導入する際に、就業規則を変更する必要はある？

べらんめえ社長「なるほど、テレワークにはいろいろな効果があるってことはわかったよ。でも導入するには、就業規則を変更しなくちゃいけないんでしょ？」

ソリュー先生「テレワークの恒常的な運用を目的に制度化する場合には、キチンと就業規則を見直すべきですが、コロナ禍のような緊急を要する場合は、必ずしも就業規則を変更しなくても差し支えないのです」

社長「へー、そうなの？」

就業規則の作成義務

労働基準法（以下「労基法」）89条では、常時10人以上の労働者を使用する使用者に対して、就業規則を作成し、行政官庁（所轄労働基準監督署長）に届け出なければならないと定めています。テレワーク勤務者も労働者には変わりありませんから、労基法の適用を受けます。

厚労省が発表している「情報通信機器を活用した在宅勤務の適切な導入及び実施のためのガイドライン」（平成20年7月28日／基発0728001）によれば、テレワークを導入する場合、使用者は、既存の就業規則において在宅勤務に関する規定が定められていない場合は、労基法89条にもとづき、当該規定を新たに定め、就業規則を変更し、所轄労働基準監督署長に届け出る必要がある、としています。

しかし、労基法89条には、以下のとおり、就業規則に必ず記載しなければならない「絶対的必要記載事項」と制度を導入するのであれば記載しなければならない「相対的必要記載事項」がありますが、テレワークに関する事項は見当たりません。つまり、テレワークの導入に際して就業規則の変更は必ずしも必要ではないのです。

【絶対的必要記載事項】

①始業および終業の時刻、休憩時間、休日、休暇ならびに交替制の場合には就業時転換に関する事項

②賃金の決定、計算および支払いの方法、賃金の締切りおよび支払いの時期ならびに昇給に関する事項

③退職に関する事項（解雇の事由を含む）

【相対的必要記載事項】

①退職手当に関する事項

②臨時の賃金（賞与）、最低賃金額に関する事項
③食費、作業用品などの負担に関する事項
④安全衛生に関する事項
⑤職業訓練に関する事項
⑥災害補償、業務外の傷病扶助に関する事項
⑦表彰、制裁に関する事項
⑧その他全労働者に適用される事項

テレワークの場合、「就業の場所」が原則として「自宅」となるため、一見すると就業規則の変更が必要であるように思われるのですが、絶対的必要記載事項として「就業の場所」の明記を求めているのは、あくまでも労基法15条に定める「労働条件の明示」についてです。したがって、緊急的にテレワークを導入せざるを得ない場合は、就業規則を変更することなく制度の導入を図ることが可能となります。

ただし、テレワークの導入に伴って、通信費や光熱費などの負担を従業員に負わせる場合は、右記相対的必要記載事項の「③食費、作業用品などの負担に関する事項」に該当するため、就業規則の定めが必要となります。

なお、恒常的な運用を目的に就業規則の変更を検討する場合、労基法は「事業」に使用され

る労働者に適用され、「事業場」を単位に就業規則の届出義務を課していることを考慮すると、テレワーク勤務者の自宅を管轄する労働基準監督署長に就業規則の届出が必要になるのかという疑義が生じます。

この点について、「場所的に分散しているものであっても、出張所、支所等で、規模が著しく小さく、組織的関連ないし事務能力等を勘案して一の事業という程度の独立性がないものについては、直近上位の機構と一括して一の事業として取り扱うこと。たとえば、新聞社の通信部のごときはこれに該当する」（昭和22年9月13日／発基17、昭和23年3月31日／基発511、昭和33年2月13日／基発90、昭和63年3月14日／基発150・婦発47、平成11年3月31日／基発168）と通達されています。

つまり、テレワークの場合には、テレワーク勤務者の自宅が作業の場所となり、これは通常の就業場所からは物理的に独立しているものの、右記通達に照らせば「規模が著しく小さく、組織的関連ないし事務能力等を勘案して一の事業という程度の独立性がないもの」と考えられます。また、「事業場」と考えた場合、自宅が労働基準監督署の臨検対象となる不合理性を考慮すれば実務とは大きく乖離することになります。そのため、テレワーク勤務者の自宅を「事業場」とみることはできず、組織上、当該在宅勤務者が所属する部署（通常の就業場所）が事業場になるものと考えられます。

8-3 テレワーク時の労働時間管理

べらんめえ社長 「テレワークとなると、会社にいないだけに労働時間はどのように管理したらいいんだい？　仕事をサボっていないか気になっちゃうよ」

ソリュー先生 「働く場所が会社以外になっただけですから、特別なことと考えずにこれまでどおりの管理で差し支えありません。ただし、始業・終業時刻の固定的な概念は馴染まなくなるので、フレックスタイム制を導入したり、仕事の評価基準を成果に置いて事業場外みなし労働時間制を採用するケースも少なくないですね」

労働時間管理の考え方

労基法15条1項および同法施行規則5条は使用者に、労働者に対して始業・終業の時刻を明示しなければならない、と定めていますが、使用者に明示を求めている以上、ベクトルの起点は使用者側にあるといえます。他方の労働者にとっては、示された始業・終業時刻を遵守する義務が生じ、労働者の都合によって所定労働時間を一方的に変更することはできません。

所定労働時間を変更せざるを得ない事情が生じた場合には、テレワーク勤務者は申請を行ない、使用者の承認を受けなければならないことになります。つまり、テレワークという働き方に変わったからといって、**労働者が好き勝手に働く時間を決めることはできない**のです。

しかし、労働時間について使用者が社内制度として在宅勤務者に一定の裁量を付与する場合、あるいは労働時間を算定することが困難である場合などは、事業場外みなし労働時間制、専門業務型裁量労働制、企画業務型裁量労働制、フレックスタイム制などの弾力的で柔軟な労働時間制度を採用することで、テレワーク勤務者が自らの判断で始業・終業時刻を決定することが可能になります。

所定労働時間中の業務中断や中抜けの問題

テレワークの場合、所定労働時間中の業務中断や中抜けの問題が生じます。

テレワーク勤務者が、労基法41条2号に定めるいわゆる管理監督者である場合、労働時間、休日・休憩に関する制限の適用は受けません。また、事業場外みなし労働時間制、専門業務型裁量労働制、企画業務型裁量労働制の適用を受ける場合には、原則として所定労働時間を労働したものとみなされるため、勤務時間中の業務中断や中抜けはさほど問題にはなりません。しかし、こうした労働時間制の適用を受けるのは限定されたケースであって、通常の労働者には必ずしも当てはまりません。

また、その日全体の実際の労働時間を把握し、労働時間を算定する原則的な労働時間制の適用を受ける通常の労働者が中抜けする場合、使用者に対して事前に就労から離脱する旨を通知する必要がありますが、賃金が不就労控除されることになり、テレワークを適用する趣旨、目的が損なわれるおそれがあります。加えて、中抜けした時間分、終業時刻を延ばす場合にも、中抜けのつど使用者の承認を受けなければならず、日々の手続きとしては非常に煩雑です。

このように考えると、在宅勤務者が自らの裁量で中抜けできること、また申請手続きを簡略化することを検討した場合、**フレックスタイム制との併用が有効**で、とりわけコアタイムを設けないいわゆる「スーパーフレックスタイム制」が適していると考えられます。

スーパーフレックスタイム制であれば、子どもの保育所や学校からの急な呼び出し、私用電話や私用外出などにも対応できるほか、1日の標準労働時間を8時間などと定めておけば、中抜けしていた時間を他の時間帯での勤務でカバーすることができます。

深夜・休日労働はどのように管理すべきか

深夜労働や休日労働を命じるには、就業規則上に根拠条文が置かれていることが必要であり、さらに法定休日に労働させる場合は三六協定の締結が必要です。また、深夜労働や休日労働はテレワーク勤務者の自由裁量でなされるものではなく、あくまでも使用者の業務命令にもとづき実施されるものですから、深夜労働、休日労働を行なう場合には、使用者の許可が必要であることを明確に規定しておくべきでしょう。事前許可制の運用が形骸化しているなかで行なわれた深夜労働、休日労働は、使用者の黙示的な指示命令があったものとみなされるおそれがあるので、**日ごろから事前申請・許可手続きのルールを徹底しておく**べきです。

この点について、前述の厚生労働省による在宅勤務ガイドラインによれば、「事前申請・許可手続きのルールを徹底しているが、それでも、結果的にテレワーク勤務者によって深夜・休日労働が自発的に行なわれた場合」について、少なくとも次の①～③のすべてに該当する場合は、使用者のいかなる関与もなしに行なわれたと認められるため、当該深夜・休日労働は労基法上の労働時間に該当しないとされています。

①深夜または休日に労働することについて、使用者から強制されたり、義務づけられたりした事実がないこと
②その労働者の当日の業務量が過大である場合や期限の設定が不適切である場合など、深夜または休日に仕事をせざるを得ないような使用者からの黙示の指揮命令があったと考えられる事情がないこと
③深夜または休日にその労働者からメールが送信された、深夜または休日に仕事をしなければ生み出し得ないような成果物が提出されたなど、深夜または休日に仕事を行なったことが客観的に推測できる事実がなく、使用者が深夜・休日の仕事を知り得なかったこと

要件を満たせば、事業場外みなし労働時間制を適用できる

テレワーク勤務は、使用者がむやみに介入すべきではない労働者の私生活の場である自宅で勤務が行なわれるため、労働者の勤務時間帯と日常生活時間帯が混在せざるを得ない働き方といえます。そのため、労働時間を算定することが難しく、ある一定の要件を満たす場合には、労基法38条の2に規定する「事業場外みなし労働時間制」を適用することができます。また、裁量労働制、変形労働時間制についても、就業規則等でその旨を定め、労使協定を締結すれば同様に導入・適用が可能です。

なお、テレワーク勤務者の労働時間を適正に把握・管理できる場合は、通常のオフィス勤務者と同じ取扱いによることで問題ありません。しかし、労働時間を算定し難い事情があるなど一定の場合において、事業場外みなし労働時間制を適用する余地が生じます。

テレワーク勤務について事業場外みなし労働時間制が適用される場合は、労働者が就業規則等で定められた所定労働時間により勤務したものとみなされます。業務を遂行するために通常、所定労働時間を超えて労働することが必要となる場合には、当該必要とされる時間を労働したものとみなされ、労使の書面による協定があるときには、協定で定める時間がその業務の遂行に通常必要とされる時間を労働したものとみなすことが認められます。

なお、労使協定で定める時間が法定労働時間を超える場合には、当該労使協定を労働基準監

督署長へ届け出なければなりません（労基法38条の2）。

事業場外みなし労働時間制が適用される要件

労基法上の事業場外みなし労働時間制の対象となるのは、事業場外で業務に従事し、かつ使用者の具体的な指揮監督が及ばず、労働時間を算定することが困難な業務であることが要件となっており、仕事場所が「自宅」という理由だけで、ただちに適用を受けるものではありません。また、情報通信機器を活用したテレワーク勤務者については、以下のすべての要件を満たす場合に事業場外みなし労働時間制が適用されることになります（平成16年3月5日／基発0305001、平成20年7月28日／基発0728002「情報通信機器を活用した在宅勤務に関する労働基準法第38条の2の適用について」）。

①その業務が、起居寝食など私生活を営む自宅で行なわれること
②その業務に用いる情報通信機器が、使用者の指示により常時、通信可能な状態におくこととされていないこと
③その業務が、随時使用者の具体的な指示にもとづいて行なわれていないこと

事業場外みなし労働時間制における労働時間のとらえ方

事業場外みなし労働時間制が適用されると、ある日の業務について、①すべてを在宅勤務し

◎事業場外みなし労働時間の算出方法◎

「所定労働時間、労働したものとみなす場合」と「通常必要とされる時間、労働したものとみなす場合」の2つがある。

①すべてを在宅勤務した場合

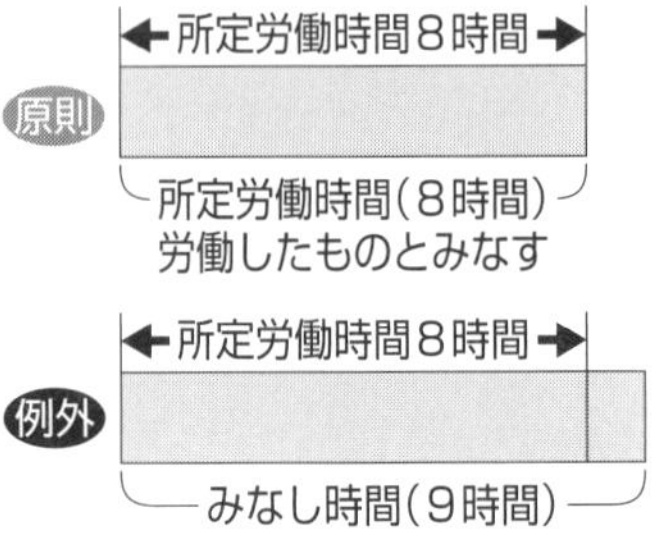

②一部は事業場内で勤務し、残りを在宅勤務した場合

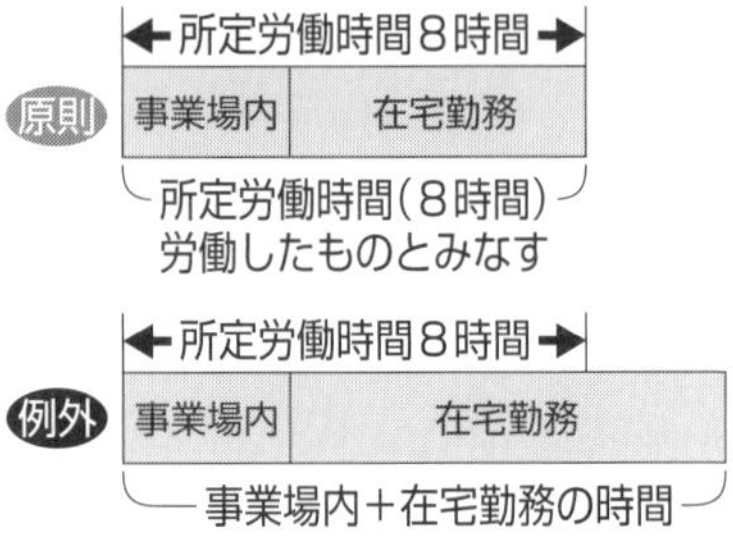

た場合、②一部は事業場内で勤務し、残りを在宅勤務した場合、のどちらで行なったかにより取扱いが変わってきます。

①すべてを在宅勤務した場合

【原則】所定労働時間労働したものとみなす

【例外】通常その業務を遂行するためには所定労働時間を超えて労働することが必要となる場合、その業務の遂行に通常必要とされる時間労働したものとみなす

②一部は事業場内で勤務し、残りを在宅勤務した場合

【原則】事業場内勤務と在宅勤務とを合わせて、所定労働時間、労働したものとみなす

【例外】事業場内勤務分の労働時間と在宅勤務で行なった業務に通常必要とされる時間とを足し合わせた時間が所定労働時間を超える場合は、足し合わせた時間、労働したものとみなす

事業場外みなし労働時間制における休日労働の労働時間の取扱い

事業場外みなし労働時間制は、労働日について1日単位で一定の労働時間、労働したものとみなす制度であり、休日労働には所定労働時間の概念が存在しないため、当該日にはそもそも事業場外みなし労働時間制の適用が除外されます。そのため、休日に労働させた場合には実際の稼働時間を把握したうえで、同時間に対する割増賃金を支払うこととなります。当該取扱いを明確にさせる意味でも、就業規則や労使協定等に「休日労働時の労働時間は実働でカウントする」ことを明記しておく必要があるでしょう。

一方で裁判例のなかには、休日には所定労働時間の定めはないものの、そうした日の労働についても、労基法38条の2第1項の趣旨を類推することが適当であるため、「所定労働時間、労働したもの」とみなされる、とするものもあります（ロア・アドバタイジング事件／東京地裁／平成24年7月27日判決）。しかし、労働義務が存在しない休日について事業場外みなし労働時間制を適用することには論理的に矛盾が生じるため、あくまでその日の実労働時間を把握し、同時間に対して割増賃金を支払うものと考えておいたほうがよいでしょう。

また、そもそも在宅勤務者に対し休日労働を命じることは、公私の区分があいまいになり、長時間労働を助長するおそれがあるため、労使協定や就業規則などで、特別の指示または事前に許可した場合を除き、休日労働および深夜労働に従事してはならない旨を定めておくべきだと考えられます。なお、休日労働を行なわざる得ない場合であっても、事前の申請を前提とし、そのつど可否を判断するなど会社側がイニシアティブを握っておくことが必要です。

在宅勤務中、必要に応じて会社に呼び出すことは可能か

使用者の業務命令権行使の観点から、就業規則等に「在宅勤務者に対し必要に応じ出勤を命じることがある」などの規定があれば、必要に応じて出社を命じることは可能です。事業場外みなし労働時間制の適用下での呼び出し時間は内勤としてカウントすることとなります。

ただし、その日のすべてについて出社を命じる場合には、「在宅で勤務する」という労働契約の内容に反することとなり、債務不履行と解される可能性があります。このため、使用者がテレワーク勤務予定日について終日、出社勤務を命じる場合には当該**テレワーク勤務者の同意が必要**になると考えられます。

実際に出勤している時間の取扱いについては、事業場外みなし労働時間制を適用している場合は、所定労働時間内に事業場外労働に当たる在宅勤務と出社中の業務が混在しているものと考えられるため、この場合、原則として出勤を命じられた事業場内勤務と在宅勤務を合わせて所定労働時間を労働したものとみなされることになります。

ただし、事業場内勤務分の労働時間と在宅勤務時間を足し合わせた時間が1日の法定労働時間を超過する場合には別途、割増賃金の支払いが必要となります。

8-4 テレワーク勤務者の人事評価はどうする？

べらんめえ社長 
「テレワークを始めるのはいいんだけど、そもそも社員の働きぶりが見えなくなるねぇ。これじゃ公正な人事評価なんてできないんじゃないか？」

ソリュー先生 
「たしかに、目の前で勤務しているわけではないですから従業員のプロセス評価は難しくなりますね。ただ、テレワークになると毎日、業務報告を受けることになるので、むしろステータス管理がしやすくなるともいえます。テレワークを機会に成果などのアウトプットに主眼を移したジョブ型人事制度に変更する動きも見られますが、職務給制度の導入は難易度が高く、そう簡単に導入できるものではありません。定量的、定性的な報告を日々受けながら評価を進める意味では、特に大きく制度を変更する必要はないでしょう」

目標管理制度の導入も検討を

テレワークを導入すると、業務遂行のプロセスが目に見えないために、人事評価においてアウトプットを重視するようになります。いわゆる「ジョブ型」の人事制度への変革です。

しかし、多様な働き方を受容し、テレワーク勤務を推進する観点からすれば、通常勤務からテレワークへと働き方を転換したからといって、**人事評価制度を大きく変更するべきではない**といえるでしょう。

テレワーク勤務者に対する人事評価を検討する際、「実際に目で見ないと確認できない」「誠実な勤務がなされていないのではないか」という疑念をマネジャーが持ってしまい、評価を下げる方向に傾くことがあります。そうした主観は、社員間に「在宅勤務を選択すると評価が下がる」という意識を醸成し、会社の意図に反して在宅勤務の普及が進まなくなってしまいます。

また、評価基準を変更すると、通常勤務者との間で公平・共通となる基軸の喪失につながります。したがって、人事評価基準をことさら変更することなく、テレワーク利用の有無によって社員の評価に差をつけないことが求められるのです。

ただし、そうはいっても、テレワーク勤務者の日ごろの仕事ぶりは見えないので、評価項目も成果や業績など一定の定量的要素を加える必要は出てきます。その意味では、ＭＢＯやＯＫＲなどの「目標管理制度」の導入は有用であるといえます。

目標管理制度は、成果や業績を評価基準とすることが多いのですが、成果の本質を見きわめることが必要となります。本当に果たさなければならない仕事は何なのか、何をすれば仕事を果たしたといえるのか、そして目標設定時に「何を」と「どのように」を明確にすることが重要です。

目標管理制度は本来、人事評価制度のツールではなく、**マネジメントのツール**です。したがって、成果や業績についても数値目標を設け、仕事基準の評価要素を加えることが望ましいでしょう。

目標管理制度というマネジメントツールを活用することによって、オンラインシステムを利用しながら定期的なフィードバック面談を実施すれば、ふだん対面で話すことが少ないテレワーク勤務者と上司が、むしろいままで以上にコミュニケーションを図ることができるのです。

8-5 テレワーク時に要した通信費・水道光熱費、消耗品などの費用負担

べらんめえ社長 
「テレワークとなると、電話代やインターネットに関する費用に加え、電気、水道などの光熱費が発生するね。こうした費用負担ってどのように考えたらいいんだろうか？」

ソリュー先生 
「テレワークに要する費用はいろいろ発生しますが、労使のどちらが負担するのかをハッキリさせることが先決です。おカネに関することですから、ここを曖昧にしてしまうとトラブルに発展することがあります。テレワーク手当として一定額を支払って、当該費用を支弁する方法が有効ですね」

通信費や情報通信機器などの費用負担

通常の社内業務に要する設備、備品の使用や通信などに要する費用は、業務に付随する経費として会社が当然に費用負担しています。しかし、テレワークとなると、通常の勤務と事情が

異なり、テレワークを行なう労働者の私生活上の光熱費、通信費用が混在するため、業務に関わる部分を抽出して負担しなければならない場合があります。

この場合、いったん光熱費や通信費用の支払いはテレワーク勤務者が行なうことになることから、労使のどちらが最終的な費用負担を行なうか、また会社が負担する場合の上限額、さらに労働者が請求する場合の方法等をあらかじめ労使で十分に話し合い、就業規則等において定めておくことが望ましいといえます。会社が負担する場合、「**テレワーク手当**」と称して2000円～5000円程度の一定額を毎月支給するケースも見られます。

本人に費用負担させる場合は就業規則等に定めておく

特に、労働者に情報通信機器や作業用品その他を負担させる場合は、労基法89条5号に定める「労働者に食費、作業用品その他の負担をさせる定めをする場合においては、これに関する事項」に該当し、**相対的必要記載事項として、その旨を就業規則に規定**しなければなりません。

近年、インターネットは定額制による常時接続環境が整っており、自宅その他においても比較的低コストで高速な接続が可能となっています。こうした社員の自宅におけるインターネット接続回線は、当然のことながら個人の利用も可能であり、個人使用と業務使用とを区別することは事実上困難です。

こうしたことから、会社が通信回線の一部を一定額で負担するケースが見られますが、テレワーク勤務者の自宅に通信回線が設置されていない場合には、新たにＷｉＦｉルーターなどを設置する必要があります。そのための工事費が必要になることも考えられるので、これも労使のどちらが負担するのかをあらかじめ規定化しておくことが必要でしょう。

テレワーク勤務中の電話費用については、家庭用の固定電話や個人所有の携帯電話・スマートフォンを利用するよりも、会社が貸与する携帯電話等の利用を原則とすることが多いでしょう。

また、最近では通話料のかからないＩＰ電話の導入も増えています。それでも本人所有の通信機器を使わざるを得ない場合には、電話の通話明細などから把握した業務用通話分について会社が負担する方法を検討する必要があります。

8-6 情報セキュリティの問題をどうするか

べらんめえ社長 「会社施設内であればセキュリティは担保されるんだけど、自宅やカフェなどで働かせると情報漏洩が心配だなぁ」

ソリュー先生 「心配されるのも無理はありません。やはり、テレワーク勤務者には一定のルールを課すことが必要でしょう。セキュリティ対策事項をテレワーク勤務規程に規定して、就業規則上の懲戒事由と紐づけておくことが大切です」

「テレワーク勤務規程」を作成しよう

在宅勤務は、自宅およびそれに準じる場所で就労することとなり、私生活空間でなされることから、通常、業務を行なうオフィスと同等のセキュリティ対策が取られているとは限りません。

そこで、テレワーク勤務者向けに、就業規則でテレワークについて定めた規程（以下「テレワーク勤務規程」）内に、セキュリティに関する定めを設けることになります。規定化するに当たり、テレワーク特有の事情を考慮しつつ、特に注意すべき点を列記すると以下のとおりです。

①リモートアクセス（ウイルス攻撃、なりすまし等）
②機器・媒体の移動（パソコン本体、ＵＳＢメモリ等の運搬）
③情報の移動（紛失、漏洩、改ざん）
④家族リスク（データ閲覧の容易性、競合他社社員の可能性）
⑤電源／通信断絶時のセキュリティ体制

さて、このようなセキュリティ対策事項を「テレワーク勤務規程」に規定することになりますが、こうした規程は就業規則本則から委任された規定であるため、就業規則の一部として定められることになります。

そのため、在宅勤務者の故意または過失によって、これらの事項が遵守されず、情報が漏洩してしまった場合であって、就業規則本則に規定される懲戒事由に該当する場合には、懲戒処分の対象となり得ます。

また、在宅勤務者の故意または重大な過失によって情報漏洩が生じ、会社に損害を与えた場合、会社は当人に対し損害賠償の請求が可能です。ただし、その金額は「損害の公平な分担という見地から信義則上相当と認められる限度」において認められると解されています（茨城石炭商事事件／最高裁一小／昭和51年7月8日判決）。

なお、こうした事態に備えてあらかじめ違約金を定め、損害賠償額を予定していた場合は労基法16条に抵触し違法となるので、行き過ぎた規制は禁物です。

懲戒処分あるいは損害賠償請求のいずれにおいても、就業規則上に根拠条文が置かれていることが前提となるため、あらかじめ規定の整備を行なっておくことが求められます。

【執筆者プロフィール】（特定社会保険労務士）

佐藤広一（さとう　ひろかず）

特定社会保険労務士。HRプラス社会保険労務士法人代表社員。1968年、東京都出身。明治学院大学経済学部卒業、2000年、さとう社会保険労務士事務所（現HRプラス社会保険労務士法人）開設。人事労務パーソンにコミットした人事労務相談、コンサルティングを積極的に展開中。現地法人と連携して海外赴任者に対する賃金制度の設計、海外赴任規程の作成などを行なうほか、上場企業の社外取締役（監査等委員）および監査役を現任し、ボードメンバーの立場としても労務コンプライアンスに寄与している。新聞・雑誌への寄稿・取材、SMBCコンサルティング等にて講演なども多数行なっている。主な著書に、『図解でわかる労働基準法 いちばん最初に読む本』『管理職になるとき これだけは知っておきたい労務管理』（以上、アニモ出版）、『最新版 図解でハッキリわかる労働時間、休日・休暇の実務』『「働き方改革関連法」企業対応と運用の実務がわかる本』（以上、日本実業出版社）など多数ある。

土屋信彦（つちや　のぶひこ）

アイ社会保険労務士法人代表。埼玉県川口市出身。特定社会保険労務士、ＩＰＯ・内部統制実務士。國學院大學法学部卒業。東京都墨田区の谷口労務管理事務所谷口公次先生に９年間師事し、1996年、土屋社会保険労務士事務所として独立開業し、その後、事務所を法人化、現在に至る。埼玉県社会保険労務士会理事、同川口支部副支部長を歴任。得意分野はＩＰＯやＭ＆Ａにかかわる労務監査や就業規則整備。主な著書に、『会社を辞めるときの手続き㊢ガイド』『定年前後の知らなきゃ損する㊢ガイド』『人事・労務のしごと いちばん最初に読む本』（以上、アニモ出版）、『企業実務に即したモデル社内規程と運用ポイント』（労働新聞社）、『ＩＰＯの労務監査と企業実務』（共著・中央経済社）など多数あるほか、労働局、商工会、金融機関等のセミナー講師も多数。

濱田京子（はまだ　きょうこ）

特定社会保険労務士、エキップ社会保険労務士法人 代表社員。(株)ゴルフダイジェスト・オンライン社外監査役、東京都紛争調整委員会あっせん委員。聖心女子大学卒業後、三井不動産株式会社入社、人事部に配属される。その後、人事給与のアウトソーシング企業や人事評価システムを構築するＩＴ企業を経験し、2009年、濱田京子社労士事務所を開設（現エキップ社会保険労務士法人）。大企業から中小、ベンチャー企業とさまざまな企業規模で働いていた経験を活かして、企業の成長ステージに対応した実態に即した提案・コンサルティングを得意とする。ビジネス雑誌への執筆、人事労務関連のセミナー講師も多く行なっている。著書に、『給与計算の最強チェックリスト』『労務管理の最強チェックリスト』『最適な労働時間の管理方法がわかるチェックリスト』（以上、アニモ出版）、『Ｍ＆Ａ労務デューデリジェンス標準手順書』（共著・日本法令）などがある。

【執筆者プロフィール】（弁護士）

佐川明生（さがわ　あきお）

「Ａ.佐川法律事務所」代表弁護士（2000年10月登録）。一橋大学法学部卒業。企業法務、特にＩＰＯをめざすベンチャー企業の支援、法務デューデリ、第三者委員会等の調査などを専門とし、また日本企業のベトナム進出やベトナム企業とのＭ＆Ａなどにも取り組んでいる。東証一部やマザーズ上場企業やベンチャー企業などの社外役員を務め、またさまざまな業種や規模の企業の法律顧問を務めている。主な著書（共著を含む）に、『会社法の基本 いちばん最初に読む本』『労働時間を適正に削減する法』『会社のたたみ方 いちばん最初に読む本』『会社法のかしこい使い方』『借地・借家で困ったとき いちばん最初に読む本』『未払い残業代請求にはこう対応する』（以上、アニモ出版）、『経営のトラブルを防ぐ「会社法」の大誤解13事例』（みずほ総合研究所）、『株式・合同・ＬＬＰ ベンチャー企業設立ガイド』（学陽書房）などがある。

田中純一郎（たなか　じゅんいちろう）

弁護士（東京弁護士会）。セブンライツ法律事務所代表。東京都出身。明治大学大学院修了（法学修士）。金融機関・保険会社・ＩＴ企業から飲食店まで幅広い業種の企業法務対応や、倒産管財事件、企業不祥事・コンプライアンス対応等を行なっている。労働審判などの個別的労働紛争や労働委員会での不当労働行為救済申立事件の会社側代理人を務めた経験から、紛争を予防する企業労働法務の重要性を感じ、労務リスクソリューションズに参加。著書に、『社員を適正に辞めさせる法』『監査役になるとき いちばん最初に読む本』（いずれも共著・アニモ出版）がある。

西田弥代（にしだ　みよ）

弁護士（東京弁護士会）。隼あすか法律事務所所属。神奈川県出身。慶應義塾大学法学部法律学科卒業、明治大学法科大学院修了（法務博士）。主に企業法務、労働案件、事業再生、倒産案件、不動産問題、一般民事等を扱う。幅広い業種の企業の法律顧問、上場企業の監査役なども務めている。企業のさまざまな局面における契約関係や法的手続、人事労務などについて、きめ細やかに指導。企業が後ろ向きのムダなコストを負担しないようにアドバイスすることを心がける。著書（共著を含む）に、『取締役になるとき いちばん最初に読む本』『社員を適正に辞めさせる法』（以上、アニモ出版）、『同族会社・中小企業のための会社経営をめぐる実務一切』（自由国民社）、『非公開化の法務・税務』（税務経理協会）、『弁護士の現場力 民事訴訟編』『弁護士の現場力 家事調停編』（以上、ぎょうせい）がある。

労務リスクソリューションズ

経験豊富な特定社会保険労務士と弁護士が、人事労務のトラブルに頭を痛める経営者に寄り添い勇気を与えます（252ページ参照）。著書に『労働時間を適正に削減する法』（アニモ出版）などがある。

【連絡先】
〒150-0021　東京都渋谷区恵比寿西1-12-12　ルネスE.B.I 3F
TEL　03-6455-0407
URL　https://www.roumu-risk.com

労働《ろうどう》時間《じかん》を適正《てきせい》に削減《さくげん》し、
休日《きゅうじつ》・休暇《きゅうか》を正《ただ》しく運用《うんよう》する法《ほう》

2020年10月15日　初版発行

著　者　労務リスクソリューションズ
発行者　吉溪慎太郎

発行所　株式会社**アニモ出版**
〒 162-0832 東京都新宿区岩戸町 12 レベッカビル
TEL 03(5206)8505　FAX 03(6265)0130
http://www.animo-pub.co.jp/

　ISBN978-4-89795-242-0
印刷：文昇堂／製本：誠製本　Printed in Japan